教育部人文社会科学重点研究基地山东师范大学齐鲁文化研究院重点项目

现代青少年德育新模式

德融数理
知行合一

林建宁 编著

山东教育出版社
·济南·

图书在版编目（CIP）数据

德融数理　知行合一 . / 林建宁编著 . — 济南：山东
教育出版社，2022.1
ISBN 978-7-5701-1872-4

Ⅰ . ①德… Ⅱ . ①林… Ⅲ . ①德育—教学研究—中
小学　Ⅳ . ① G631

中国版本图书馆 CIP 数据核字（2021）第 220592 号

DERONGSHULI ZHIXINGHEYI

德融数理　知行合一

林建宁　编著

主管单位：山东出版传媒股份有限公司
出版发行：山东教育出版社
　　　　　地址：济南市市中区二环南路 2066 号 4 区 1 号　　　邮编：250003
　　　　　电话：（0531）82092660　　网址：www.sjs.com.cn
印　　刷：济南鲁艺彩印有限公司
版　　次：2022 年 1 月第 1 版
印　　次：2022 年 1 月第 1 次印刷
开　　本：880 毫米 × 1194 毫米　1/16
印　　张：11
字　　数：150 千
定　　价：58.00 元

（如印装质量有问题，请与印刷厂联系调换）电话：0531-88665353

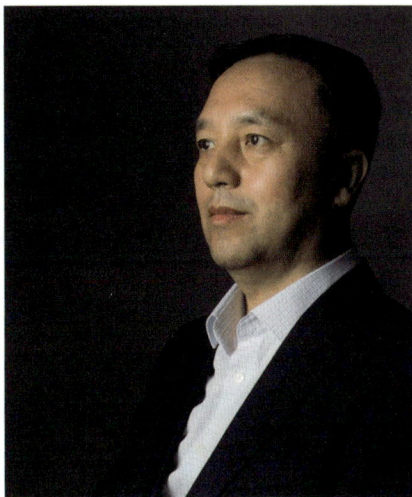

林建宁 ○

　　山东省政协常委、教科卫体委副主任。自 2001 年以来，先后在《人民日报》《求是》《光明日报》《理论前沿》等报刊发表文章 50 多篇，出版著作《心灵之光》，编著《文明基因·孝诚爱》《中国美德故事》系列丛书。其中《中国美德故事》启蒙篇版权输出海外，被译成英文、印尼文和阿拉伯文。

序言

当前，我国正处于社会转型期，青少年面对着一个文化多样、价值多元的世界，伴随社会利益格局和人们思想观念的深刻变化，青少年极易出现传统美德缺失、远大理想缺乏、社会责任感淡漠等思想"病灶"。在大力提高文化自信、加强公民道德建设的当代中国，深化青少年道德教育改革，已成为事关国家和民族未来的时代课题。

近年来，建宁先生围绕青少年道德教育的模式创新，创造性地提出了"德融数理·知行合一"德育新模式。这一模式在总结传统青少年德育模式经验的基础上，遵循现代青少年成长规律，以德为魂、以数理为体，将情境教育、知识教育和实践教育有机融合，实现了"文"与"理"的交融、"学"与"习"的结合，使全程育人、全方位育人的要求得到了实现，为深化德育改革开辟了新视界、提供了新样本。

"德融数理·知行合一"德育新模式，体现了德育贴近现实生活的新理念。该模式以社会主义核心价值观为内核，以人们生活中熟视无睹、日用不知的真实道德问题为切入点，注重把道德教育深植于中华优秀传统文化之中，通过引发师生的感悟、反思而达成对道德的理解与实践，并在情景交融中提升学生的道德认识、道德情感，探索出一条社会主义核心价值观与传统美德、现代学科有机融合的"突围"之路。这种扎根生活的探索正是学校道德教育所应当鼓励和推行的。

"德融数理·知行合一"德育新模式，体现了德育科学化、精致化的改革方向。该模式试图通过一组组真实的数据，解析出蕴含其中的道德意义，以此作为学生道德学习、道德思考的切入点，并将数理知识与道德情境、道德知识、道德实践结合起来，巧妙、自然地推导出学生对道德问题的思考与体悟。这种思路与传统道德教育习惯于知识授受、理论灌输的做法全然不同，有利于提高道德教育的成效。

"德融数理·知行合一"德育新模式，体现了全科德育的发展方向。该模式基于现象、数据、原理、行动的内在联系而建立教学逻辑，不仅开发了数学、物理、化学、生物等自然学科课程的道德资源与道德价值，也将数据资源、数理分析融入语文、历史、思想政治等人文学科教学过程中，为美德教育注入了数理化等现代学科知识与理性思维因子，实现了全科德育、全程德育、全员德育，这无疑将极大拓展学校德育的宽度和广度。

"德融数理·知行合一"德育新模式，体现了追求德育实效的价值目标。该模式自始至终标举问题导向，引导学生从观察生活中的事实、现象入手，由事及情、由情及感、由感及理，循序渐进地引导学生实现道德的感悟、理解与行动，极大地提高了德育的实效。尤其是它创制的"三阶段六步骤"的德育过程，"过目难忘、心中有数、学而习之、融会贯通"四个模块的呈现方式，简洁明了、深入浅出、自然而然地实现了学生的道德学习与道德实践，进而提高了道德教育的成效。这种指向道德学习效率的实践探索精神，值得我们钦佩。

我与建宁先生相识相知多年。既为他提出的创新德育模式而欣喜，也为他执着的学术研究精神所打动，更为他的使命感、责任感所感染。"德融数理·知行合一"德育模式是富有中国气魄、中国风格的"新律动"，真诚希望这一模式能够惠及万千少年儿童的德行养成，成为青少年道德成长、人格完善的有力、有效的教育资源。

全国教育科学规划德育学科组副组长
曲阜师范大学党委书记、教授、博士生导师

目录

第一章 >>

『德融数理·知行合一』
德育新模式概述

一、缘起

由记不住父母的生日、爷爷奶奶的姓名所想到的……

1. 时代背景

改革开放以来，我国的教育事业取得了长足进步，青少年的综合素质有了明显提高。随着时代的发展，全社会对青少年健康成长给予了越来越多的关注，青少年道德教育的理念和模式急需在实践中不断创新和转变。党的十八大以来，习近平总书记高度重视道德教育，先后做出了"要加强对中华优秀传统文化的挖掘和阐发，努力实现中华传统美德的创造性转化、创新性发展""人生的扣子从一开始就要扣好""坚持把立德树人作为中心环节，把思想政治工作贯穿教育教学全过程，实现全程育人、全方位育人"等一系列重要论述。如何适应时代要求，以习近平总书记的教育思想为指引，跟随信息化时代的步伐，运用大数据的理念、思维和方法，不断创新青少年道德教育的理念和模式，使青少年在德育、智育、体育、美育等方面全面发展，是一项亟须研究的重大课题。

2. 问题导向

自 2006 年起，我针对不同的对象，就一系列青少年应知应会的家庭、社会、自然、科学等方面的问题做过测试，例如：

（1）你知道父母的生日吗？阳历、阴历各是哪一天？结果，许多大学生记不准或记不全自己父母的生日。

（2）你知道你的祖父、祖母、外祖父、外祖母的姓名吗？结果，相当一部分研究生不知道祖父、祖母的姓名，不知道外祖父、外祖母的姓名。

（3）你吃了妈妈多少乳汁？结果，99.99%的人不知道自己吃了妈妈多少乳汁。

（4）你知道撒谎对生命健康的损害程度吗？结果，90%的人答不出来。

（5）你愿意上思想品德课吗？结果，许多学生回答不愿意上。说教的、死记硬背的、脱离现实的、呈现方式落后的课，学生尤其不愿意上。

……

3. 反思追问

反思追问一

（1）一个对父母、祖先关心不够的人，能真诚地关心同事、朋友和他人吗？能建立正确的人生观吗？

（2）一个对诚实的意义认识不够的人，能对朋友讲信义，对国家讲忠诚吗？能建立正确的价值观吗？

（3）一个对自然规律没有常识的人，能够热爱自然、保护环境吗？能建立正确的世界观吗？

反思追问二

（1）一个大学生，十几年寒窗苦读，解开了无数的数理化试题，但像"你知道父母的生日吗""你能写出祖先的姓名吗""今生还能见到父母多少回"这种最基本的"人生题"却没能解开。如何让道德教育扎根生活，实现道德教育的生活化，需要我们深思。

（2）真理的传播需要科学的呈现方式。"概念→概念""概念→原理→举例说明"的说教式教育方式，难以多方位立体化地揭示事物发展的对立统一规律、量变质变规律、否定之否定规律，难以有效地培养学生的多维思维、放射思维、系统思维，从而在理性上难以使学生折服。

一个婴儿从出生到断奶一共吃了妈妈多少乳汁？这些乳汁中含有什么营养

成分？化学式如何写？撒谎为什么会脸红？微笑对人体有何益处？……这一幕幕我们习以为常的学习、生活场景，一组组应该记住却往往忽略的数据，可以编写出无数道蕴含着深刻道德理念的数理化和社会实践试题。可否由此切入，遵循中小学生成长规律，将道德教育融入情境教育、知识教育、实践教育之中，实现道德教育的科学化，需要我们探索。

（3）一个学生的成长离不开家庭、学校、社会三个空间，在这三个空间中，学生接受的教育在价值观上要具有一致性，切忌错位、扭曲和颠覆。家长、老师的一言一行和社会上的各种现象，都深刻影响着学生价值观的形成。学生的道德修养养成，家长有责任，老师有责任，社会有责任。如何使道德教育扎根生活，融入学科，立足现实，面向未来，贯穿于家庭、学校、社会三个空间，实现道德教育现代化，需要我们深入实践。

4. 路径思考

（1）能否将学生熟悉的家庭、学校、社会公共场所的生活、学习、工作场景拉进课堂，使学生既坐在教室里，又置身于熟悉的场景之中，使道德教育生活化？

（2）能否运用大数据的理念、思维和方法，将德育教学融入知识教学之中，既能保证教学的正确方向，又能使纯粹的数理化教学鲜活生动起来，进而达到情理交融、触及心灵，将解题过程转换为探求人生真理的过程，使道德教育科学化？

（3）能否使道德教育以德为魂、以数理为体，运用大数据的思维方法，将情境教育、知识教育和实践教育有机地融合起来，使之扎根生活，融入学科，立足现实，面向未来，贯穿于家庭、学校、社会三个空间，建立现代青少年德育模式，使道德教育现代化？

5.转化创新

（1）原点出发，实现道德教育的生活化。

（2）融入数理，实现道德教育的科学化。

（3）面向未来，实现道德教育的现代化。

二、概念

以德为魂，以数理为体，运用大数据的思维方法，将情境、知识和实践教育有机融合起来，完成价值观培育的追问、判断和践行。

	主题
1	德为魂

	载体
2	数理为体

	方法
3	大数据的思维方法

	方式
4	将情境、知识、实践教育有机融合

	目的
5	完成价值观培育的追问、判断、践行

图1-1　五大要素

三、内涵

1. 德

德：指中华民族传统美德和现代人类社会文明规范。

2. 融

融：指以德为魂，将中华民族传统美德和现代人类社会文明规范融入各学科知识点，贯穿学习、生活的全过程，全方位地引领学生的思想和行动。

3. 数

数：指数据，既有数又有据。包括自然数据、生命数据、环境数据和社会数据……

4. 理

理：指道理，做人的道理。包括自然之理、生命之理、人伦之理、事业之理和社会之理……

5. 以德为魂

以德为魂：指以中华民族传统美德和现代人类社会文明规范为统领，将其融入古今中外的文史哲、数理化、生物等学科和社会实践中，在多学科融合及实践中始终坚持育德的核心宗旨。

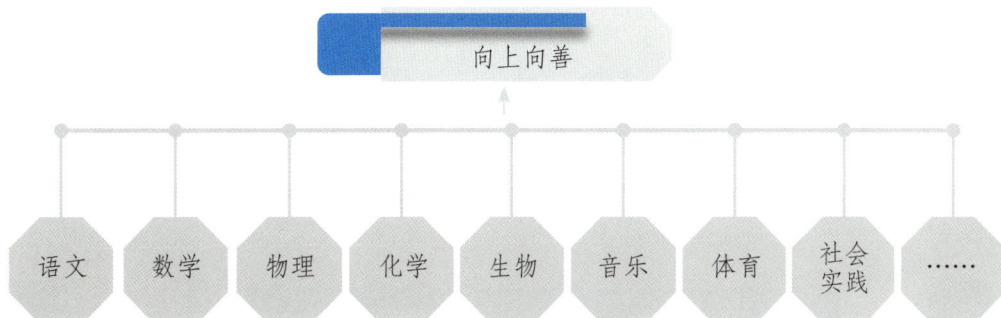

图1-2 主题

6. 以数理为体

以数理为体：指以古今中外的文史哲、数理化、生物和社会实践的具体知识为载体，强化支撑道德理念，使道德理念变得具体生动，无处不在，无时不有。

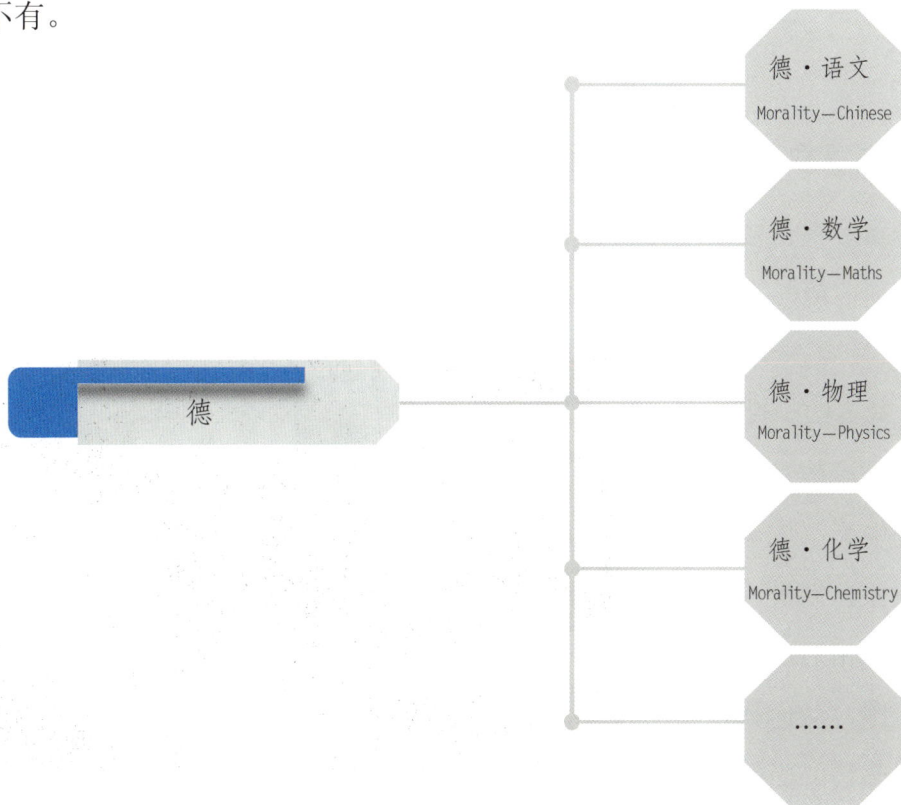

图1-3 载体

7. 运用大数据的思维方法

运用大数据的思维方法：指在呈现方式上适应大数据时代多维、融合、精准的特征，采取多维呈现、融合呈现、精准呈现的方式，把中华民族传统美德和现代人类社会文明规范多角度、跨学科、系统性地呈现给学生。

图1-4　方法

8. 将情境教育、知识教育和实践教育有机融合起来

将情境教育、知识教育和实践教育有机融合起来：指将传授给学生的一个知识链，用情境教育、知识教育、实践教育三种方法融合呈现，在单位时间内完成感性教育—理性教育—实践教育的全过程。

（1）情境教育：指在教学过程中为了实现既定目的，引入、创设或制造与教学内容相适应的具体场景或氛围，从而激发学生的学习热情，引发学生的情感体验。

图1-5　情境教育

（2）知识教育：指借助知识的传授，将人类精神文明和物质文明成果内化为新生一代的文化心理素质的过程。

图1-6　知识教育

（3）实践教育：指围绕教育目的而开展的，以直接实践活动为基础的，以学生亲身体验为特征的教育（学习）活动。

图1-7　实践教育

9. 完成价值观培育的追问、判断和践行

完成价值观培育的追问、判断和践行：指遵循价值观培育的追问、判断、践行逻辑，坚持问题导向，引导学生从观察事物的现象入手，运用所学过的知识和技能分析、判断、选择价值标准，达到激发内生动力、主动自我践行的目的。

（1）价值追问：指追溯和反思道德教学中的情境、故事、热点话题、新闻等材料所蕴含的道德价值。

（2）价值判断：指对道德教学中的情境、故事、热点话题、新闻等材料所蕴含的道德价值做出判断。

（3）价值践行：指将中华民族传统美德和现代人类社会文明规范所倡导的道德行为付诸生活实践。

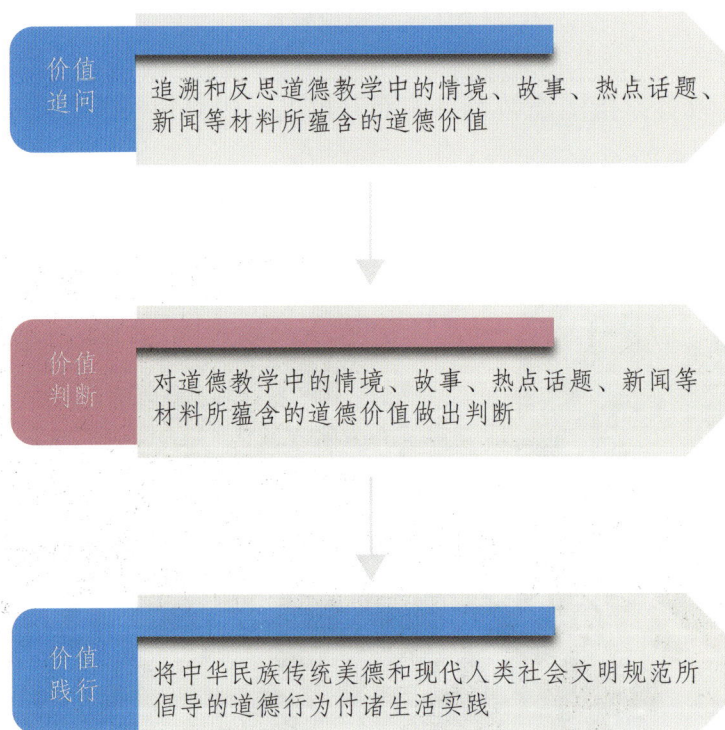

价值追问	追溯和反思道德教学中的情境、故事、热点话题、新闻等材料所蕴含的道德价值
价值判断	对道德教学中的情境、故事、热点话题、新闻等材料所蕴含的道德价值做出判断
价值践行	将中华民族传统美德和现代人类社会文明规范所倡导的道德行为付诸生活实践

图1-8 目的

四、逻辑：三阶段六步骤

1. 大逻辑：三阶段

（1）价值追问：从生活的原点出发，捕捉令人难忘的情境，产生感性认识；提出问题，引入思考，进入学习状态。

（2）价值判断：列举数据，融入学科，解答试题；深入剖析，理性思考，实现由感性认识到理性认识的飞跃。

（3）价值践行：在完成价值追问和价值判断的基础上，激发内生动力，在学习生活中主动践行社会主义核心价值观，实现知行合一，完成"三阶段"的全过程。

2. 小环节：六步骤

（1）由境生情：创设道德情境，与学生产生情感共鸣。

（2）由情询问：提出问题，产生追问。

（3）由问寻数：分析问题，探求事物发展变化的量变规律。

（4）由数解理：融入学科，解答习题，探求事物发展变化的质变规律。

（5）由理启智：尊重规律，分析问题，寻求解决问题的方法。

（6）由智成行：产生内生动力，付诸实践。

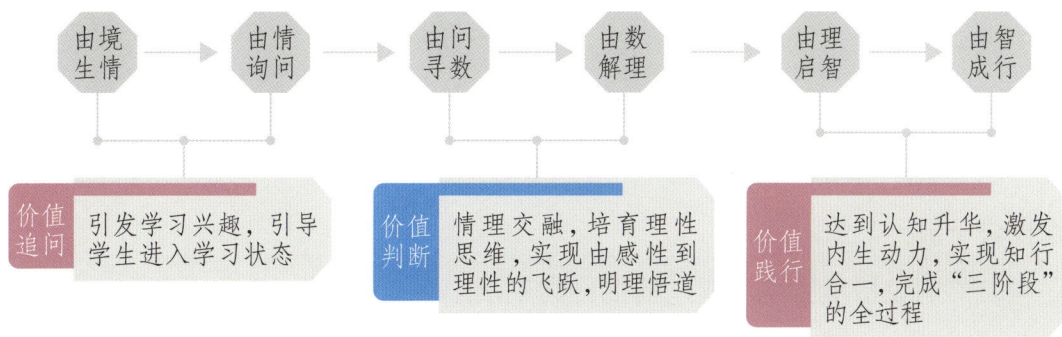

图1-9 三阶段六步骤

五、主题：家庭美德、学业道德、社会公德

根据学习主体在家庭、学校和社会不同空间中的学习生活内容，遵循自然规律、生活规律和学生成长规律，分别确定三个教学主题内容：孝德、诚德、爱德。

1. 家庭美德

以孝德为主题。按内容顺序分设知恩篇、感恩篇、报恩篇。

2. 学业道德

以诚德为主题。按内容顺序分设诚实学习篇、重诺守信篇、遵纪守法篇。

3. 社会公德

以爱德为主题。按内容顺序分设爱护环境篇、关爱他人篇、奉献社会篇。

六、呈现方式：一链四模块

1. 一链

一链：指一个分别以"孝德、诚德、爱德"为主题内容的知识链。

2. 四模块

四模块：指用"过目难忘""心中有数""学而习之""融会贯通"四个知识模块呈现一个知识链。

（1）创设情境呈现。通过捕捉日常生活中令人难忘的情境，引导学生、老师和家长进入道德思考状态，使人"过目难忘"。

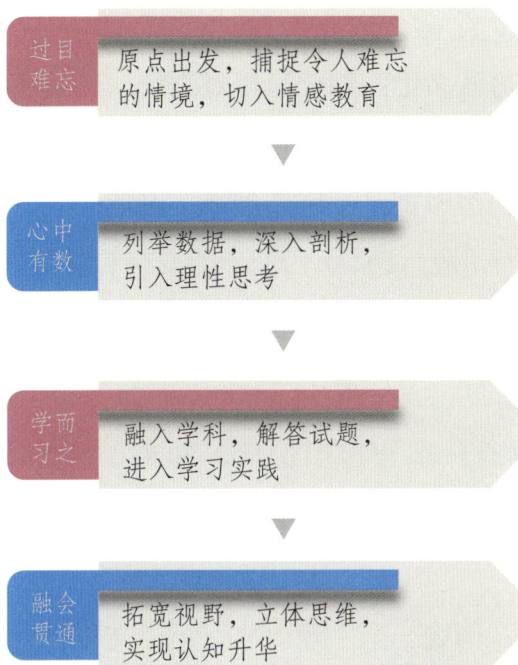

过目难忘	原点出发，捕捉令人难忘的情境，切入情感教育
心中有数	列举数据，深入剖析，引入理性思考
学而习之	融入学科，解答试题，进入学习实践
融会贯通	拓宽视野，立体思维，实现认知升华

图1-10　一链四模块

（2）量变质变呈现。归纳、提炼、列举出一组组人们应该记住却往往忽略的数据，引发思考，让人"心中有数"。

（3）学习实践呈现。依据"过目难忘"的场景和"心中有数"的数据，设计若干数学、物理、化学、生物和社会实践活动试题，让学生、老师和家长在共同解答试题中解答人生课题，使德育教学鲜活生动，做到"学而习之"。

（4）认知升华呈现。链接古今中外孝、诚、爱的道德故事、经典美文、百科知识等，开阔视野，拓展思维，陶冶情操，达到"融会贯通"。

七、主要特征：多维、融合、精准

1.多维

（1）观察问题的视角多维：回归原点，从现象、数据、原理、情感四个维度进行呈现。

（2）分析问题的方法多维：综合运用对立统一、量变质变、否定之否定规律分析问题。

（3）支撑主题的内容多维：从家庭美德·孝德、学业道德·诚德、社会公德·爱德三个方面涵育道德主题。

2. 融合

（1）教学模式融合：综合运用情境、知识、实践三种教学模式，把单个的知识点拓展为一个完整的知识链，在单位时间内完成观察、分析、解决问题。

（2）多学科融合：围绕一个主题内容，运用文史哲、数理化、音体美和社会实践等学科知识来分析、判断、实践，达到知行合一，实现"文"与"理"的交融、"学"与"习"的结合。

（3）情感融合：以人为本，科学设计知恩、感恩、报恩教学环节，在情感体验中达到内化于心、外化于行。

3. 精准

（1）教学对象精准：根据中小学生不同的年龄段和认知能力设计主题内容，有针对性地因人施教。

（2）内容陈述精准：尊重科学，尽量采用量化的数据和准确的知识，推动道德理念直达心底、触及心灵。

（3）教学目标精准：通过建立多维、融合、精准的德育新模式，培养青少年的优秀品格和多维、放射、系统的理性思维能力，引导其建立正确的人生观、价值观、世界观，达到立德树人的目的。

第二章 >>

『德融数理・知行合一』
德育模式的例证解析

一、孝德主题

案例一　五颗松果（幼儿园小班·孝德）

松鼠妈妈今天过生日，特意将藏了很久的五颗松果拿出来，慰劳她的三个孩子：哥哥龙龙、弟弟文文、妹妹霞霞。望着盘子里黄澄澄的松果，龙龙、文文和霞霞马上嗅到了松子散发出的香味，馋得口水直往外流。妈妈说："每个宝宝可以拿一颗，霞霞第一个拿，文文第二个拿，龙龙最后拿。"霞霞说："让哥哥先拿吧。"妈妈说："你最小，你先拿。"霞霞先是拣了一颗最大的松果拿在手上，想了一想，又把大松果放回了盘子里，换成了一颗小的。妈妈好奇地问："霞霞为什么不拿大的呢？"霞霞说："我最小，吃得少，干活也少，大的应该留给妈妈和哥哥吃。""哦，原来是这样！"妈妈高兴地点点头。龙龙和文文也像霞霞一样拣了最小的拿在手里，盘子里还剩下两颗又大又黄

的松果。"剩下的松果给谁呀?"妈妈问。龙龙、文文和霞霞异口同声地回答:"妈妈今天过生日,大松果应该给妈妈吃。""好孩子,妈妈要把这两颗松果的松子取出来,分给你们吃。""不,我们有了。这两颗松果给您吃。我们还要给您唱一支生日歌呢。""大松子,甜又香,送给妈妈尝一尝。祝福妈妈身体棒,开心快乐喜洋洋。"

学而习之

小朋友们,请想一想,霞霞为什么要拿最小的松果呢?

1. 教学目标

(1)在听故事和做游戏的过程中明白数的概念和减法运算。松鼠妈妈共拿出五颗松果,分给三个孩子吃,每个小松鼠可以拿一颗,盘子里还剩下两颗松果。

(2)在听故事和做游戏的过程中明白秩序的概念。① 分松果吃的时候,松鼠妈妈让小妹妹先拿,然后两位哥哥才能拿,教育孩子要保护弱小。② 孩子心中要想着妈妈,将两颗又大又黄的松果留给妈妈吃。

(3)在听故事和做游戏的过程中懂得互帮互爱的道理。妈妈爱孩子,孩子爱妈妈,哥哥爱弟弟妹妹,弟弟妹妹爱哥哥。

2. 教学目标分析图

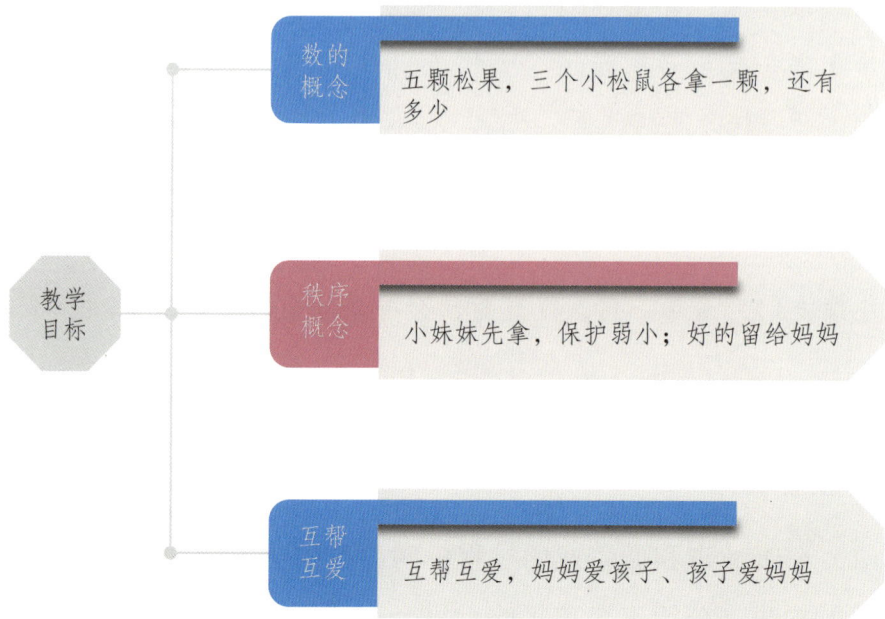

图2-1 教学目标

3. 教学方式

（1）老师朗读故事，并提问。

（2）老师和小朋友分别扮演故事中的角色做游戏。

（3）可以用动画、PPT等方式呈现故事内容，然后老师提问，师生互动。

案例二 我吃了妈妈多少乳汁？（三年级·孝德）

过目难忘

许多小动物生下来就会走路，可以自己找食吃，存活下来。初生的婴儿，离开父母的照料，无法自己存活。多数孩子吃的第一种食物就是妈妈的乳汁。

哺乳期间，无论春夏秋冬，母亲平均每个夜晚要抱着宝宝哺乳 3 次，即便是深夜也要起来给孩子喂奶，每次哺乳时间约 25 分钟，其辛苦可想而知。

妈妈常说，看着宝宝咕咚咕咚吮吸奶水，是她最幸福的时刻。

心中有数

母乳内含有蛋白质、脂肪、乳糖、维生素、矿物质、酶等营养物质，是新生儿最主要的营养物质来源。母乳中的免疫蛋白，可以提高婴儿抵抗疾病的能力，丰富的矿物质可以使宝宝长得又高又壮，脂肪酸和牛磺酸能促进婴儿的大脑发育。可以说，母乳是适合婴儿生长发育的最佳营养品。

据医学统计，一个宝宝每天需要哺乳 6～12 次，平均每天吮吸母乳 800 毫升，每周 5600 毫升，每月 24000 毫升，约 24 千克。一年累计需 292000 毫升，约 292 千克。

学而习之

1. 童童从妈妈那里得知自己小时候吃了 1 年半（18 个月）的母乳，一个月按 30 天计算，童童共吃了多少天的母乳？若平均每天吃母乳 800 毫升，算一算，童童总共吃了妈妈多少乳汁？

2. 通常，妈妈每晚给宝宝哺乳 3 次，每次约 25 分钟。请你计算一下，喂奶一年（按一年 365 天计算），妈妈晚上大约少睡了多少时间？

3. 请你分别在零点及凌晨 3 点、5 点设置闹钟，体会一下妈妈夜里给宝宝哺乳的辛苦。

融会贯通

爸爸送我去上学

成长路上，妈妈是船，爸爸是帆，我乘船儿到彼岸。妈妈的哺育、爸爸的关爱如春风，似阳光，和煦温暖，呵护着我健康成长。

依稀记得我开始上幼儿园的那年，工作繁忙的爸爸坚持揽下了接送我上学、放学的重担。

上学路上，爸爸会跟我谈天说地。有时，他给我讲历史故事，如《管鲍之交》《桃园三结义》《草船借箭》，他都讲得绘声绘色。有时，他让我猜谜语，如"紫色树，开紫花，开过紫花结紫瓜，紫瓜里面装芝麻"，谜底是"茄子"；头上顶着大红冠，身穿五彩花花衣，每天早晨要歌唱，人人听了忙穿衣"，谜底是"大公鸡"。有趣的交谈让我忘记了时间，不知不觉就来到了学校。

从幼儿园到现在，一年 365 天，无论是刮风下雨，还是酷暑严寒，爸爸的风帆始终张满，为我遮风挡雨，为我避暑御寒……

1. 教学目标

（1）通过听故事、做练习、课堂互动、扮演角色等方式，培养学生的思维能力。

一是多维思维能力，观察同一事物要从多个角度来进行。

① 通过"过目难忘"的场景，唤起学生心中对妈妈哺乳的感恩意识。

② 通过"心中有数"的数据，认识母乳的营养成分和哺育婴儿所需要的母乳的量。

③ 通过"学而习之"的试题，通过计算吃了妈妈多少乳汁、妈妈哺乳所付出的时间以及在零点和凌晨 3 点、5 点设置闹钟，进一步体会妈妈喂母乳的辛劳。

④ 通过"融会贯通"的故事，认识爸爸妈妈对子女的关爱无处不在。

二是系统思维能力，对事物的分析要从现象入手，全面分析其发展变化的原因、过程和结果。

① 由妈妈喂母乳的生活现象，去探究与母乳相关的科学知识，如母乳的成分、母乳的数量，形成关于母乳认知的量的积累。

② 深切体悟妈妈喂母乳的艰辛，认识到母爱的伟大这一本质。

③ 由以上几点联想到生活中处处都有父母的关爱，最终体会到父母之爱的无私和伟大。

（2）将孝德理念融入情境教学、知识教学、实践教学之中。

① 由妈妈哺乳婴儿的场景、爸爸一路背"我"上学的场景，引起学生共鸣，触动学生的心灵。

② 通过对母乳营养成分的认识和对吃了妈妈多少乳汁的估算，深化学生认知，引入理性思考。

③ 通过感受妈妈哺乳的辛劳，使学生的孝德情感得到升华，产生报恩的主动意识。

（3）完成价值追问、价值判断和价值践行的教学任务。

① 以"我吃了妈妈多少乳汁""乳汁中有什么成分""妈妈哺乳期间有多辛劳"等问题，引发对妈妈哺乳这一现象的价值追问。

② 通过对问题的解答，了解妈妈的付出，认识母爱、父爱的伟大，从理性上认识孝敬父母的必要性和意义，做出对父母的付出知恩、感恩和报恩的价值判断。

③ 通过定闹钟，亲身感受妈妈哺乳的辛劳，用自己力所能及的行动表达对父母的孝心，达到价值践行的目的。

2. 教学目标分析图

（1）通过听故事、做练习、课堂互动、扮演角色等方式，培养学生的思维能力。

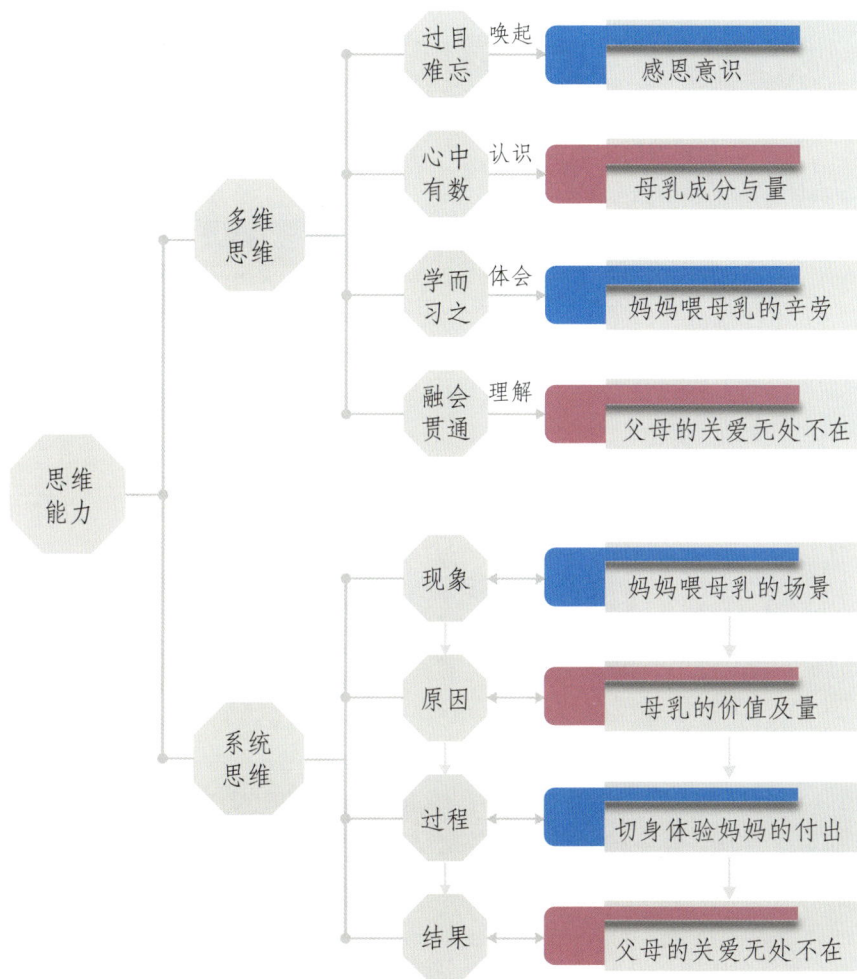

图2-2　学生思维能力培养

（2）将孝德理念融入情境教学、知识教学、实践教学之中。

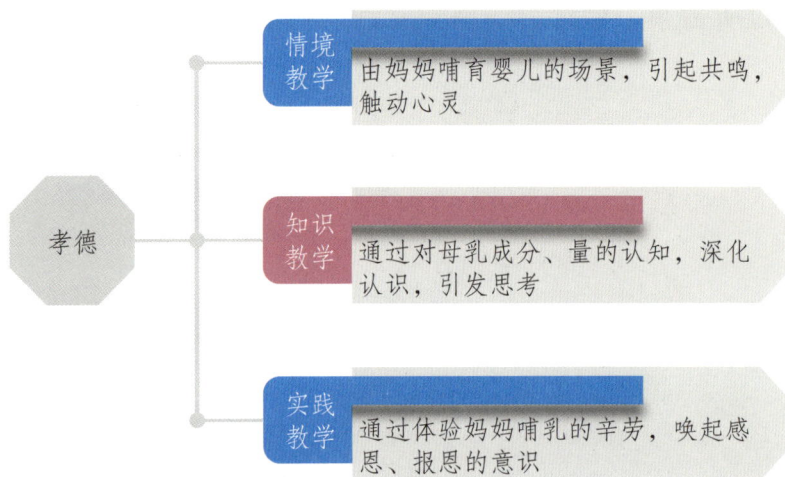

图2-3 情境教学、知识教学和实践教学

（3）完成价值追问、价值判断和价值践行的教学任务。

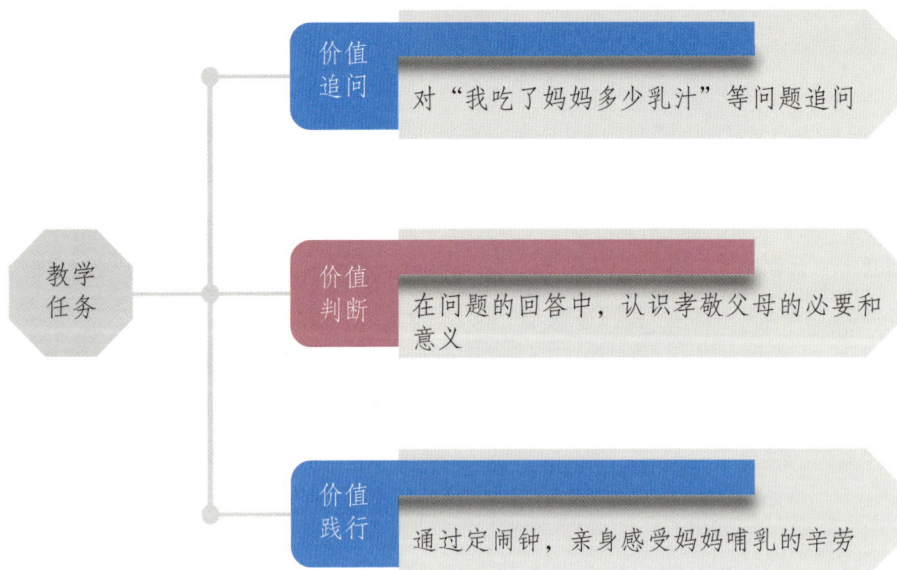

图2-4 价值追问、价值判断和价值践行

案例三　妈妈的恩情（七年级·孝德）

过目难忘

在一个偏僻的村庄里，一位白发苍苍的母亲正在期盼着独生儿子的归来。简陋的房间里，摆放着满满的一桌儿子平常愿意吃的饭菜。

今天是中秋节，儿子说好要回家，可太阳已经偏西，还是不见儿子的身影。

突然，电话铃声响起，母亲急忙拿起电话，问道："走哪了？"

"妈，今天公司临时有事，我回不去了，您好好照顾自己，我找时间再回去看您！"

"唉！"母亲慢慢地放下电话，坐在饭桌边发呆……

心中有数

一个孩子高中毕业，离开父母外出上大学，一般在 18 岁左右，此时，父母大多在 45 岁左右。2015 年版《世界卫生统计报告》指出，中国的人口平均寿命为男性 74 岁，女性 77 岁。即便天下父母都能高寿，都能活到 80 岁，那么 45 岁时送出儿女后，还有 35 年，如果儿女每年都能回家两次，那么今生父母与子女再次相见也只有 70 次。

学而习之

1. 有人做过计算，假如我们平均每次回家待 5 天，除去应酬、吃饭和睡觉等事务，我们真正能陪在父母身边的时间大概只有 24 小时，也就是 1 天。假设你和父母分隔两地，平均每年回家 2 次，按照"心中有数"给出的数据，算一算，我们还能和父母在一起的时间有多少小时？

2. 2015 年，南都民意调查中心联合奥一网发起了一项"今年过年不回家的原因"网络调查，共回收 455 份有效问卷。调查显示，"车票难买回不去"的占 15.81%，"为了多挣钱不回了"的占 5.93%，"图个清静不想回"的占 10.55%，"花销太大不敢回"的占 7.70%，"其他原因"占 13.41%。算一算，"车票难买回不去""为了多挣钱不回了""图个清静不想回""花销太大不敢回"和"其他原因"的各有多少人？你想分别对他们说点什么？

融会贯通

探　监

一位贫困山区的老母亲，一路辗转，探望服刑的儿子。在探监人五光十色的物品中，老母亲给儿子用白布包着的葵花子格外显眼。葵花子已经炒熟，老母亲嗑好了。没有皮，白花花的像密密麻麻的雀舌头。

儿子接过这堆葵花子肉，手开始抖。母亲亦无言语，撩起衣襟拭泪。她千里迢迢探望儿子，卖掉了鸡蛋和小猪崽，还节省许多开支才凑足了路费。来前，在白天的劳碌后，晚上在灯下嗑瓜子。十多斤瓜子嗑亮了许多夜晚。

儿子垂着头。作为身强体壮的小伙子，正是奉养母亲的时候，他却不能。

在所有探监人中，他母亲衣着是最朴素的。

"吃吧，孩子，妈妈实在拿不出什么好东西给你。"

"妈妈——"儿子扑通一声给母亲跪下……

1. 教学目标

（1）通过听故事、做练习、课堂互动、扮演角色等方式，培养学生的思维能力。

一是多维思维能力，观察同一事物要从多个角度来进行。

① 通过"过目难忘"的场景，了解母亲等待孩子回家过节的心情。

② 通过"心中有数"的数据，联想自己一生还能回家多少次，陪伴父母多长时间。

③ 通过"学而习之"的试题，解析自己还能回家多少次，陪父母多长时间；了解社会上各类人员春节不能回家过年的原因，并分别和他们说几句心里话。

④ 通过"融会贯通"的故事，母爱的伟大与故事中儿子的渺小产生强烈的对比，从而使学生对人性的善恶以及由此而产生的行为和结果进行深刻思考。

二是放射思维能力，在多方位了解不同的人处理同样的事物，所遇到的不同的困难及其原因的基础上，发现解决问题的普遍规律和特殊规律；在解决问题的过程中，把握普遍规律，运用特殊规律，由一点到多点，具体问题具体分析、具体解决，从而把握事物的总体发展方向。

以"学而习之"第二题为例。① 多方位了解不同的人处理同样的事物，所遇到的不同的困难和原因。南都民意调查中心对455人进行"今年过年不回家的原因"调查得知，"车票难买回不去"的占15.81%，"为了多挣钱不回了"的占5.93%，"图个清静不想回"的占10.55%，"花销太大不敢回"的占7.70%，"其他原因"占13.41%。② 把握普遍规律，运用特殊规律，由一点到多点，具体问题具体分析、具体解决，从而把握事物的总体发展方向。引导学生统计、思考："车票难买回不去""为了多挣钱不回了""图个清静不想回""花销太大不敢回"和"其他原因"的各有多少人？你想分别对他们说点什么？

三是系统思维能力，对事物的发展变化要多角度、全过程分析其原因、过程和结果。

① 由"过目难忘"中，母亲等待孩子回家过节的场景出发，产生子女一生能回家多少次陪伴父母的追问。

② 由"心中有数"和"学而习之"计算今生还能回家多少次，调查不同的人员春节不回家的原因和困难，计算人数并分别对他们说点什么，引入理性思考，进行理性分析。

③ 由"融会贯通"中母亲探望在监狱里服刑的儿子的故事，进一步阐述母爱的伟大和儿子违法是对母亲最大的不孝的道理，激发学生珍惜亲情、珍惜自由、遵纪守法，报效母亲的情感。

（2）将孝德教育融入情境教学、知识教学、实践教学之中。

① 通过母亲等待孩子过节的场景、母亲探监的场景，引起学生的共鸣，培养学生知恩、感恩、报恩的感性认识。

② 通过计算子女今生还能回家多少次，调查春节不回家人员的比例和人数及原因，让学生对"不回家"这一现象进行理性分析。

③ 在感性认识和理性分析的基础上，让学生与因不同原因决定春节不回家的人对话，进行社会实践。

3. 完成价值追问、价值判断和价值践行的教学任务。

① 以"一生能回家多少次""还能陪伴爸妈多久""为什么不能如期回家"等问题引发对父母等待子女回家这一现象的价值追问。

② 通过对问题的解答，使道德教育得以融入学科、融入实践，学生进入理性思考，进行价值判断。

③ 通过对"不回家"这一现象的调查分析，在完成价值追问和价值判断的基础上，学生进入自我教育和社会实践中，达到价值践行的目的。

2.教学目标分析图

（1）通过听故事、做练习、课堂互动、扮演角色等方式，培养学生的思维能力。

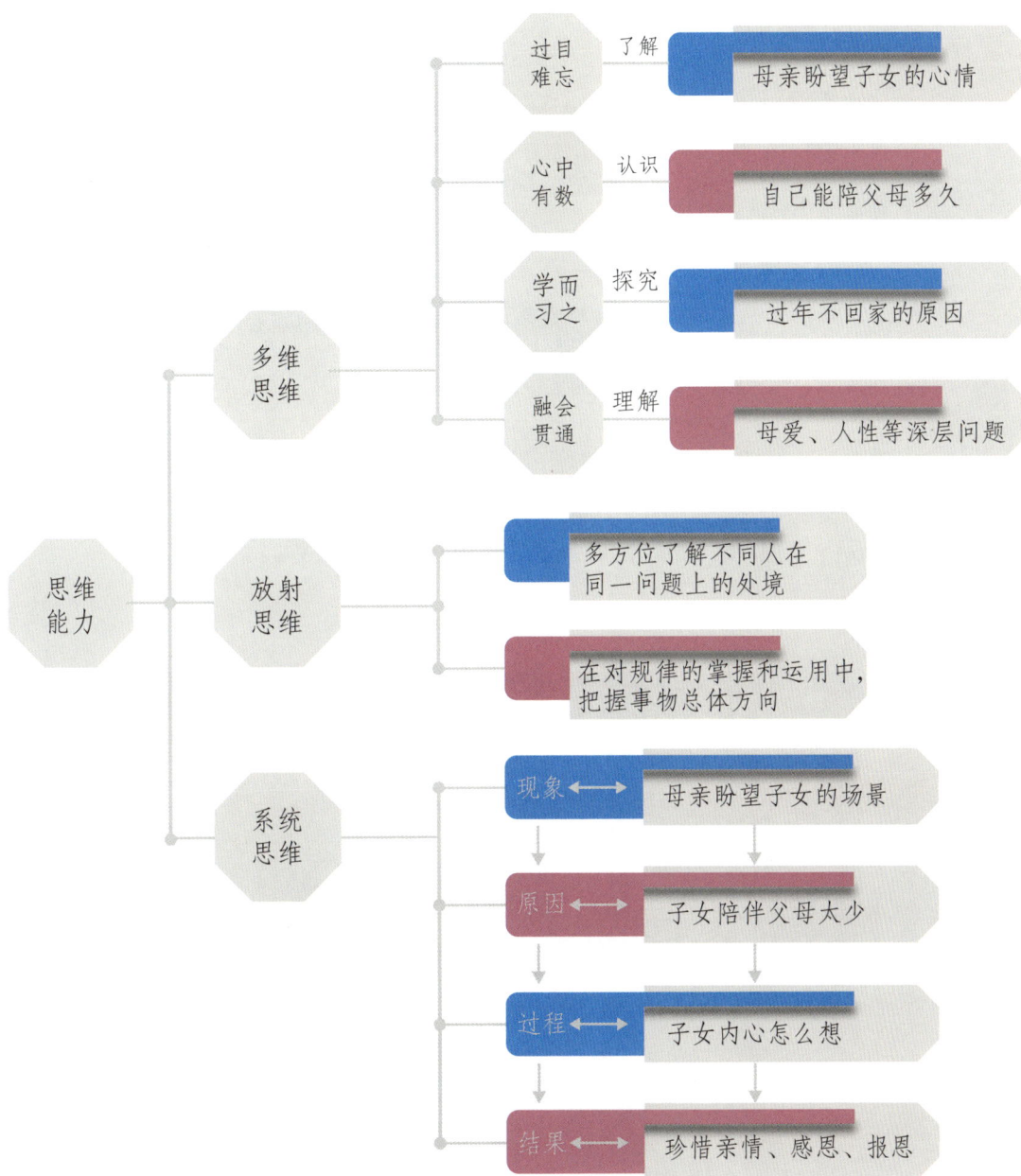

图2-5　学生思维能力培养

（2）将孝德教育融入情境教学、知识教学、实践教学之中。

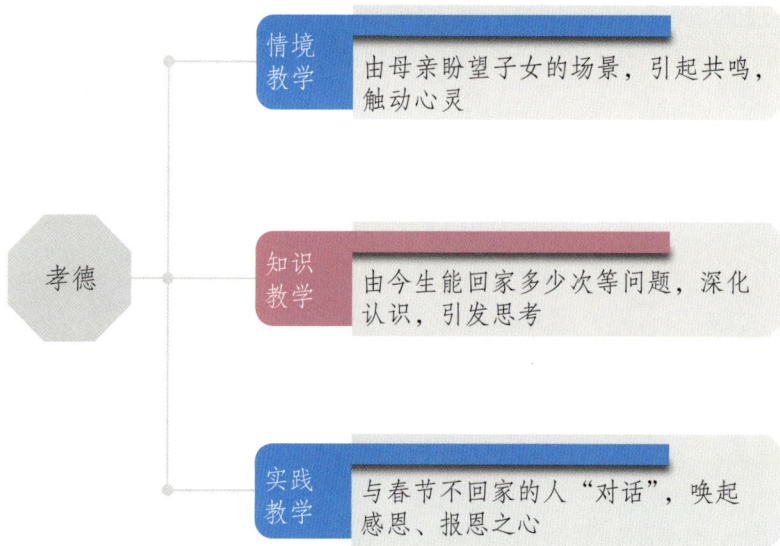

图2-6　情境教学、知识教学和实践教学

（3）完成价值追问、价值判断和价值践行的教学任务。

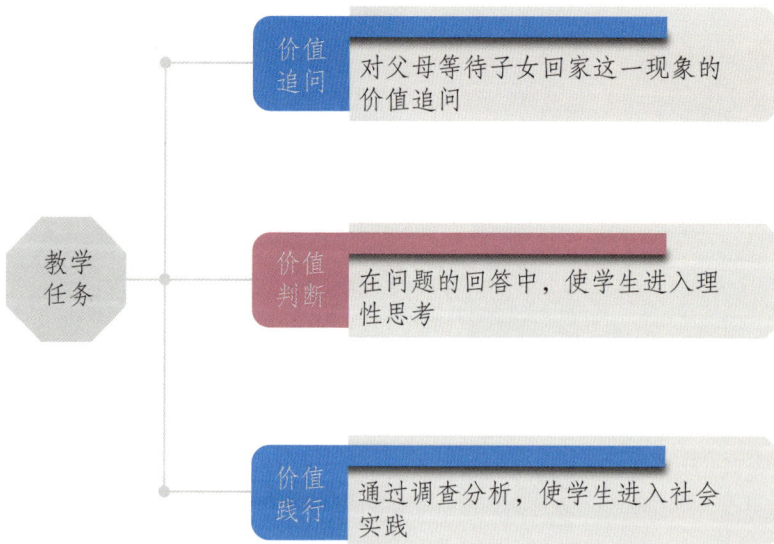

图2-7　价值追问、价值判断和价值践行

二、诚德主题

案例一　承认错误就好（幼儿园小班·诚德）

兔妈妈病了，想吃山果。兔爸爸便领着兔宝宝乐乐，一起到山上去采山果。

他们走呀走，找呀找，终于在山顶上采到了几颗又红又大的山果。爸爸让乐乐先回家，把这颗山果送给妈妈吃。

乐乐捧着山果往家里走。半路上，他发现了一只漂亮的小蝴蝶，便向小蝴蝶扑去。结果，小蝴蝶飞走了，山果也滚下了山崖。

"这可怎么办呀？"乐乐急得直哭，害怕爸爸妈妈责怪他。这时，乐乐的好朋友小刺猬欢欢恰巧路过这里，安慰他："别哭了，你和爸爸妈妈实话实说，他们不会怪你的。"

"说得对！"爸爸也来到乐乐的面前，"做错了不要紧，承认错误就好。你看，爸爸又采到一些又大又红的山果。"

听了爸爸的话，乐乐破涕为笑，扑到爸爸怀里。爸爸和乐乐跟欢欢道别，一起开心地往家走去。

学而习之

小朋友们，如果你是小刺猬欢欢，你会对乐乐说些什么？

1.教学目标

（1）在听故事和做游戏的过程中明白诚实的概念。山果滚落山崖之后，乐乐非常担心和着急，欢欢安慰他只要说实话就不会被责怪。

（2）在听故事和做游戏的过程中明白勇敢的概念。爸爸很赞同小刺猬欢欢的意见，做错事敢于承认错误就是好孩子。

（3）在听故事和做游戏的过程中懂得互帮互爱的道理。① 欢欢安慰乐乐体现了朋友之爱。② 爸爸鼓励乐乐体现了父子之爱。③ 乐乐和爸爸给兔妈妈采山果，体现了家庭之爱。

2.教学目标分析图

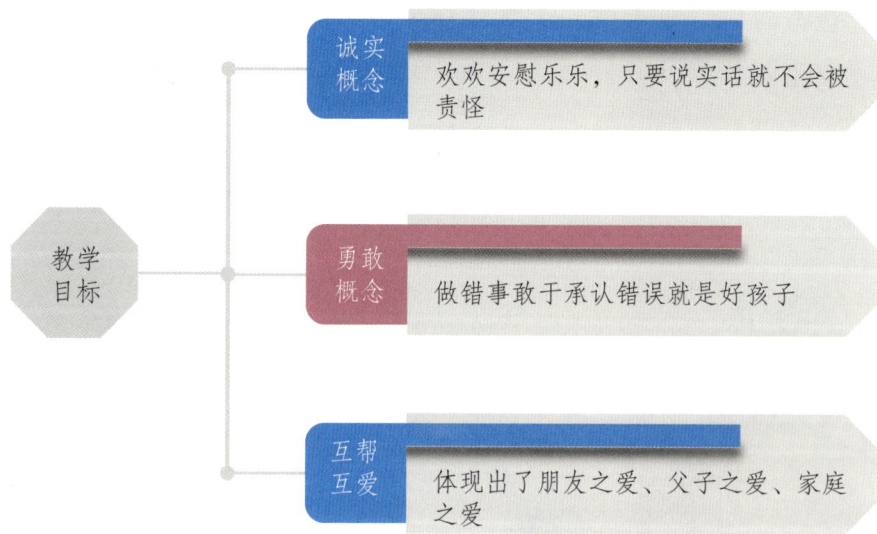

图2-8 教学目标

案例二　考试作弊损失大（三年级·诚德）

过目难忘

哈佛大学 2012 年 5 月曝出丑闻，120 多名学生涉嫌在春季学期期末考试中作弊。

经过调查，这次集中作弊事件被定性为：学术上的不诚实——不适宜的交流答案以及彻头彻尾的抄袭。

哈佛文理学院院长史密斯向所有学生发送了一封电子邮件，宣布了决定：作弊情节严重的学生离校，对作弊情节较轻的学生处以留校察看的责罚；对两名参与作弊的学校篮球队联合队长解除职务。

心中有数

2006 年，黑龙江省 8 名高考作弊者被判刑。

2006 年，中央民族大学发现美术学院 5 名新生的专业考试请人代考，作弊入校。学校依据有关规定，取消了 5 人的入学资格，退回原籍。

学而习之

考试作弊会让你失去什么？在考试中如果遇到不会的题，你会怎么办？如果看到别人作弊，你又该怎么做？

融会贯通

古代科场舞弊之刑罚

古代对科场舞弊者的惩罚措施主要有以下四种：

一是枷号示惩，又称枷号示众。凡临场冒籍、顶替、夹带、抄袭者，一经查出，立即由提调戴上枷锁在考棚外示众。

二是斥革。生员一旦违反考场纪律，其功名立即被革除。

三是杖责。舞弊情节严重者，要动用刑罚。

四是发配。对冒名顶替、重金雇请、舞弊情节恶劣者，发配充军。

1. 教学目标

（1）通过听故事、做练习、课堂互动等方式，培养学生的思维能力。

一是多维思维能力，观察同一事物要从多个角度来进行。

① 通过"过目难忘"的场景，了解世界名校哈佛大学是怎样处理考试作弊的。

② 通过"心中有数"的数据，了解国内考试作弊造成的严重后果。

③ 通过"学而习之"的试题，联系自身实际谈认识、谈行动。

④ 通过"融会贯通"的介绍，了解我国古代对科场舞弊者的惩罚措施，增强古往今来考试作弊都可耻的认识。

二是系统思维能力，对事物的分析要从现象入手，全面分析其发展变化的原因、过程和结果。

① 根据"考试作弊损失大"的真实故事,联系自身实际,分析考试作弊的动机。

② 列举考试作弊的不同类型,剖析考试作弊的种种丑态。

③ 联系考试作弊所受到的惩罚,分析考试作弊对自己身心和名誉的损害,增强诚信在什么时候都不能丢的认识。

(2)将诚德理念融入情境教学、知识教学、实践教学之中。

① 把哈佛大学学生考试作弊、国内高校学生考试作弊和中国古代科场舞弊的情境拉进课堂,将什么时候、什么地方都需要诚实学习的理念蕴含在其中,让学生触景生情,产生感性认识。

② 通过介绍哈佛大学、国内高校和中国古代对考试作弊者的惩罚措施,将知识教学融入情境和故事之中,使学生对考试作弊的危害有进一步了解,进行理性思考。

③ 通过"学而习之"中的试题"考试作弊会让你失去什么""在考试中如果遇到不会的题,你会怎么办""如果看到别人作弊,你又该怎么做",联系自身实际,深入剖析,将诚实学习的理念融入实践教学之中。

(3)完成价值追问、价值判断和价值践行的教学任务。

① 通过让学生了解哈佛大学、国内高校和中国古代考试作弊的现象,产生感性认识,进入诚实学习的价值追问阶段。

② 通过让学生了解哈佛大学、国内高校和中国古代对考试作弊者的惩罚措施,进行理性分析,进入诚实学习的价值判断阶段。

③ 通过联系自身实际,谈谈"考试作弊会让你失去什么""在考试中如果遇到不会的题,你会怎么办""如果看到别人作弊,你又该怎么做",使学生进入自我学习、自我教育的状态,达到价值践行的目的。

2.教学目标分析图

（1）通过听故事、做练习、课堂互动等方式，培养学生的思维能力。

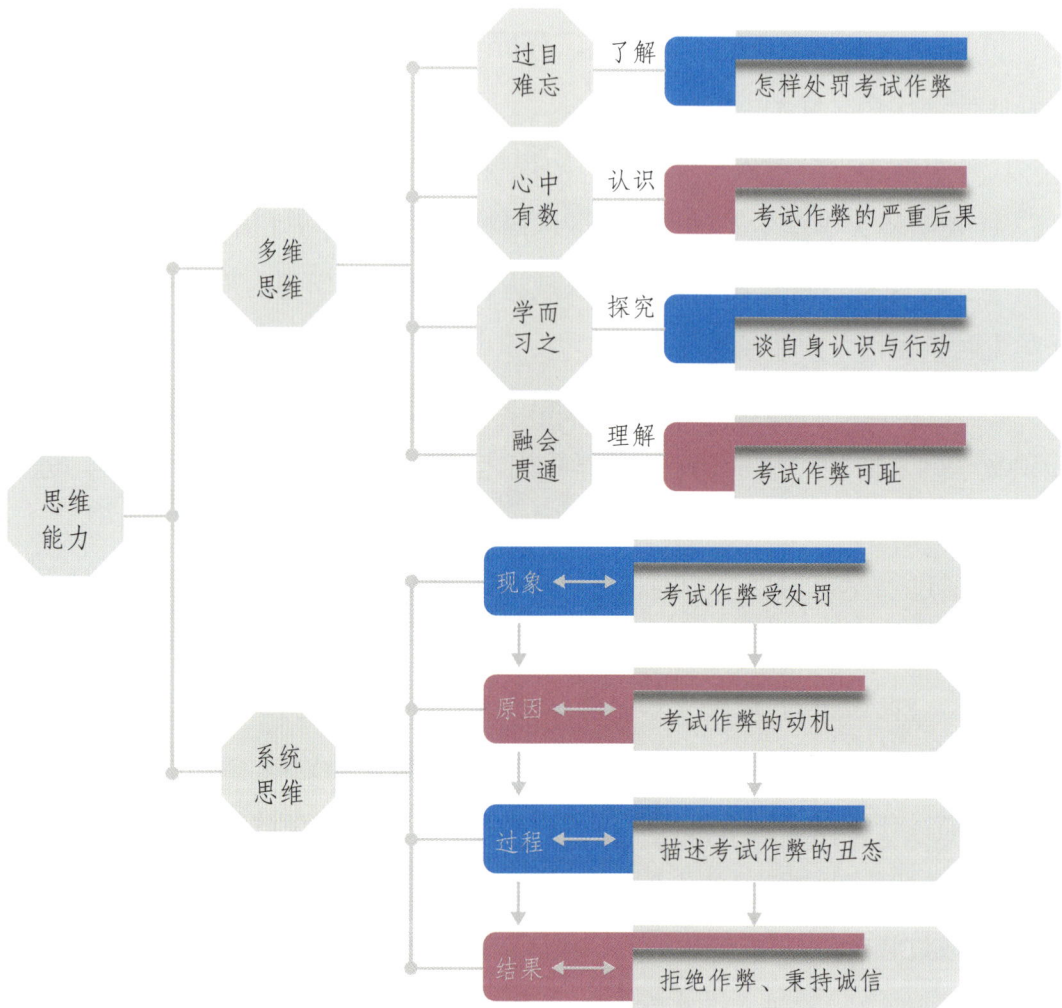

图2-9 学生思维能力培养

（2）将诚德理念融入情境教学、知识教学、实践教学之中。

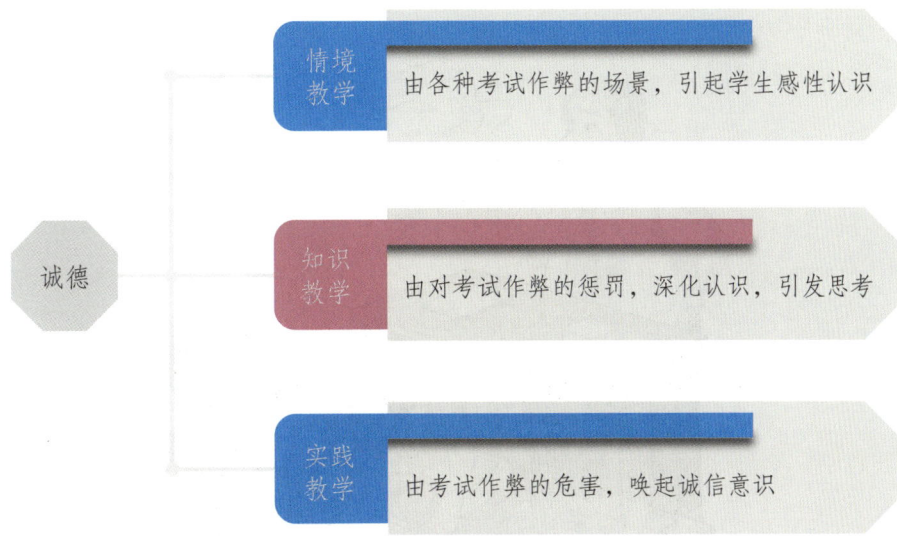

诚德
- 情境教学：由各种考试作弊的场景，引起学生感性认识
- 知识教学：由对考试作弊的惩罚，深化认识，引发思考
- 实践教学：由考试作弊的危害，唤起诚信意识

图2-10　情境教学、知识教学和实践教学

（3）完成价值追问、价值判断和价值践行的教学任务。

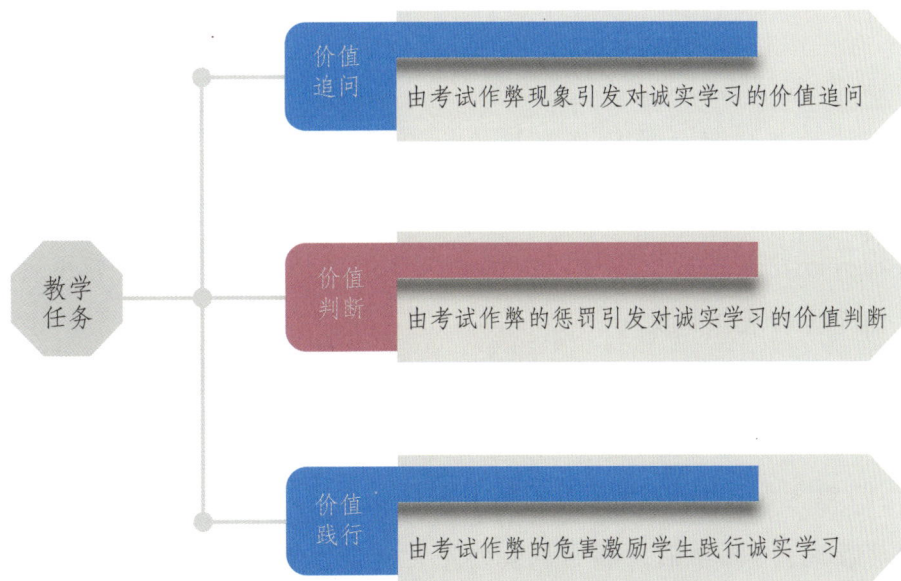

教学任务
- 价值追问：由考试作弊现象引发对诚实学习的价值追问
- 价值判断：由考试作弊的惩罚引发对诚实学习的价值判断
- 价值践行：由考试作弊的危害激励学生践行诚实学习

图2-11　价值追问、价值判断和价值践行

案例三　坚持真理，切忌盲从（七年级·诚德）

过目难忘

　　一所高校的教室里，满脸络腮胡子的"德国化学家"用沙哑的嗓音说："我最近研究出了一种具有强烈挥发性的液体，现在我做个测试，看气味需用多长时间，从讲台挥发到全教室。凡闻到气味的，请马上举手。"说着，他打开瓶塞，让透明的液体挥发……

　　不一会儿，前排的同学举起了手，紧接着中间的同学和后排的同学也先后举起了手。不到两分钟的时间，全体同学都举起了手。

　　此时，"德国化学家"把假胡子扯下，同学们才认出原来他是本校的德语老师。他笑着说："同学们，瓶子里装的不是挥发性液体，而是蒸馏水。"

　　"啊？"教室里发出了一片惊叹声。

心中有数

1952 年，美国心理学家所罗门·阿希设计实施了一个实验，来研究人们会在多大程度上受到他人的影响，而违心地进行明显错误的判断。阿希请大学生们自愿做他的被试，告诉他们这个实验的目的是研究人的视觉情况。当某个来参加实验的大学生走进实验室的时候，他发现已经有 5 个人先坐在那里了，他只能坐在第 6 个位置上。事实上他不知道，其他 5 个人是跟阿希串通好了的假被试（即所谓的"托儿"）。阿希要大家做一个非常容易的判断——比较线段的长度。他拿出一张画有一条竖线的卡片，然后让大家比较这条线和另一张卡片上的 3 条线中的哪一条线等长。判断共进行了 18 次。事实上这些线条的长短差异很明显，正常人是很容易做出正确判断的。然而，在 2 次正常判断之后，5 个假被试故意异口同声地说出一个错误答案。于是真被试开始迷惑了，他是坚定地相信自己的眼力呢，还是说出一个和其他人一样，但自己心里认为不正确的答案呢？

结果当然是不同的人有不同程度的从众倾向，但从总体结果看，平均有 33% 的人判断是从众的，有 76% 的人至少做了一次从众的判断，而在正常的情况下，人们判断错的可能性还不到 1%。

学而习之

1. 从众心理在很大程度上影响着一个人甚至是一个集体的正确判断能力，也就是所谓的"人云亦云""随大流"。想一想，你在日常生活中见过哪些盲目从众的现象？

2. 你是否有过与多数人意见不一致，但仍坚持勇敢说出自己想法的经历呢？不妨试一试，也许你会收获许多赞许的目光呢！

融会贯通

小泽征尔的坚持

小泽征尔是世界上著名的音乐指挥家。

一次，小泽征尔去欧洲参加指挥家大赛。演奏中，小泽征尔突然听到乐队演奏的乐曲出现了一处不和谐的地方，他果断指挥乐队停下来，重新演奏，结果仍然感觉演奏的乐曲不和谐。他对评委说："这个乐谱有问题！"

在场的评委郑重声明："乐谱没有问题，是你的错觉。"

面对几百名国际音乐大师，小泽征尔不免对自己的判断产生了动摇，他考虑再三，仍然坚持自己的判断："不，一定是乐谱错了！"

他的话音刚落，评委们立即站起来报以热烈的掌声，祝贺他大赛夺魁。

原来，这是大赛评委们精心设计的环节，以测试指挥家是否能够坚信自己的正确判断。只有具备这种素质的人，才是真正的世界一流的音乐指挥家。

1. 教学目标

（1）通过听故事、做练习、课堂互动、扮演角色等方式，培养学生的思维能力。

一是多维思维能力，观察同一事物要从多个角度来进行。

① 通过"过目难忘"的场景，观察被假象所蒙蔽而做出错误判断的过程。

② 通过"心中有数"的数据，了解社会上有很多人不知道真相而盲目从众。

③ 通过"学而习之"的试题，联系自身实际，剖析自己是否善于发现真理并坚持真理。

④ 通过"融会贯通"的故事，感悟只有坚持真理才能取得成功的道理。

二是放射思维能力，在多方位了解不同的人处理同样的事物，所持有的态度和处理方式的基础上，发现解决问题的普遍规律和特殊规律；在解决问题的过程中，把握普遍规律，运用特殊规律，坚持真理，由一点到多点，具体问题具体分析、具体解决，从而把握事物的总体发展方向。

以案例三《坚持真理，切忌盲从》中的"心中有数"和"学而习之"为例。

① 多方位了解不同的人处理同样的事物，所持有的态度和处理方式。1952 年，美国心理学家所罗门·阿希所做的实验表明，33% 的人判断是从众的，76% 的人至少做了一次从众的判断，而在不受干扰的情况下，人们判断错的可能性不到 1%。

② 把握普遍规律，运用特殊规律，坚持真理，由一点到多点，具体问题具体分析、具体解决，从而把握事物的总体发展方向。引导学生思考："你是否有过与多数人意见不一致，但仍坚持勇敢说出自己想法的经历呢？不妨试一试，也许你会收获许多赞许的目光呢！"

三是系统思维能力，对事物的发展变化要多角度、全过程分析其原因、过程和结果。

① 由教室里学生被老师设计的圈套所迷惑而盲目从众的场景出发，引发学生探究盲目从众的现象及其原因。

② 通过"心中有数"的实验数据、"学而习之"的试题和"融会贯通"的故事，了解和分析盲目从众的现象、原因和过程。

③ 通过"过目难忘""心中有数""学而习之"和"融会贯通"四个环节，让学生知道坚持真理和盲目从众的两种截然不同的结果，从而增强对坚持真理、切忌盲从的理解。

（2）将诚德理念融入情境教学、知识教学、实践教学之中。

① 把教室里进行教学实验时学生盲从和音乐会上小泽征尔坚持己见、力排众议的故事情境拉进课堂之中，将坚持真理、切忌盲从的道理蕴含其中，

让学生触景生情，产生感性认识。

②　通过教室里的实验、心理学家调查的数据和小泽征尔的故事，将知识教学融入情境和故事之中，使学生对坚持真理、切忌盲从有进一步的了解，进行理性思考。

③　通过"学而习之"中的试题，联系自身实际，深入剖析，将坚持真理、切忌盲从的道理融入实践教学之中。

（3）完成价值追问、价值判断和价值践行的教学任务。

①　让学生通过了解教室里的实验、心理学家调查的数据和小泽征尔的故事所反映的现象，产生感性认识，进入坚持真理、切忌盲从的价值追问阶段。

②　让学生通过了解教室里的实验、心理学家调查的数据和小泽征尔的故事所呈现的结果，进行理性分析，进入坚持真理、切忌盲从的价值判断阶段。

③　联系自身实际，通过试题"你是否有过与多数人意见不一致，但仍坚持勇敢说出自己想法的经历呢？不妨试一试，也许你会收获许多赞许的目光呢"，使学生进入自我学习、自我教育的状态，达到价值践行的目的。

2. 教学目标分析图

（1）通过听故事、做练习、课堂互动、扮演角色等方式，培养学生的思维能力。

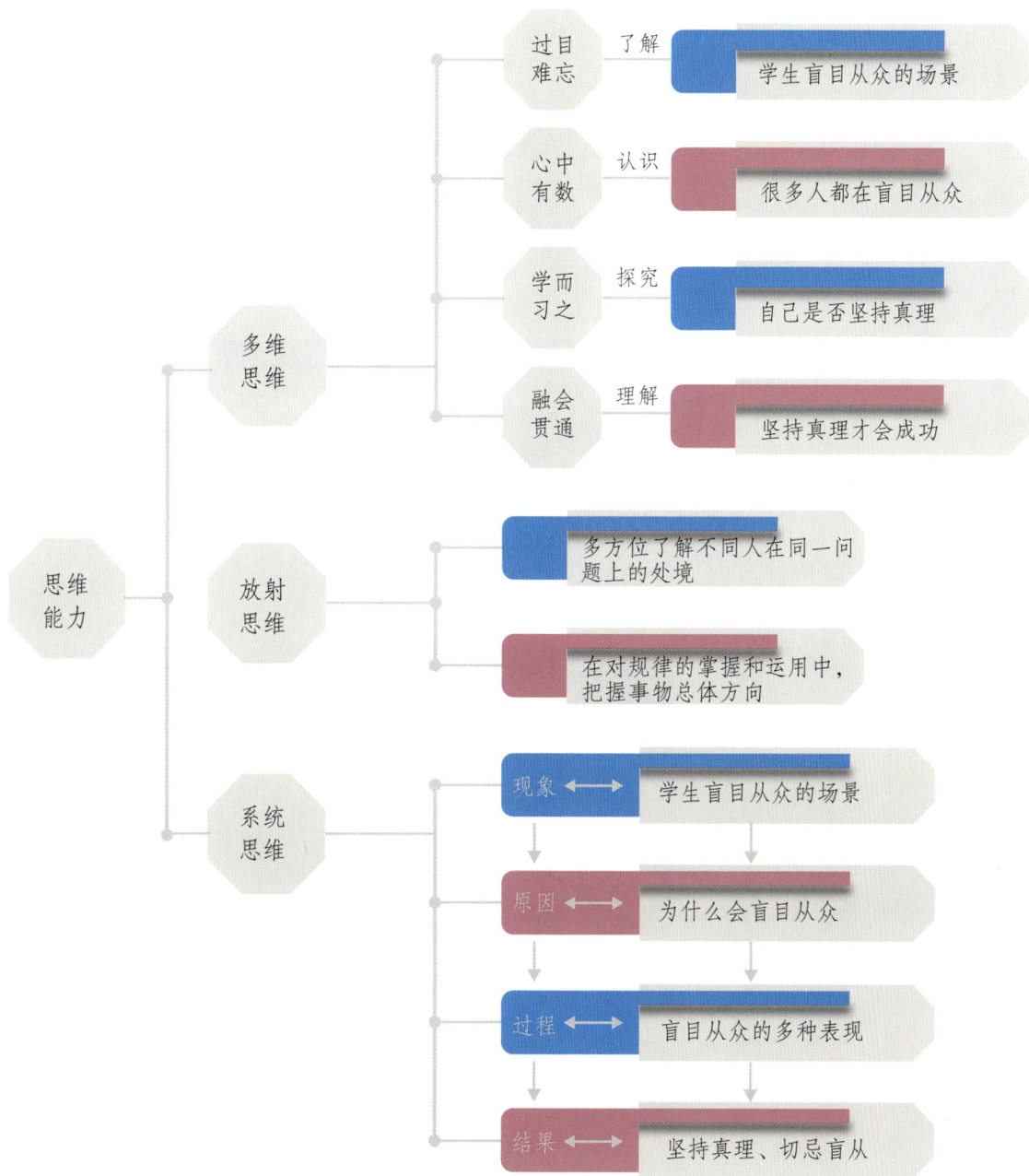

图2-12 学生思维能力培养

（2）将诚德理念融入情境教学、知识教学、实践教学之中。

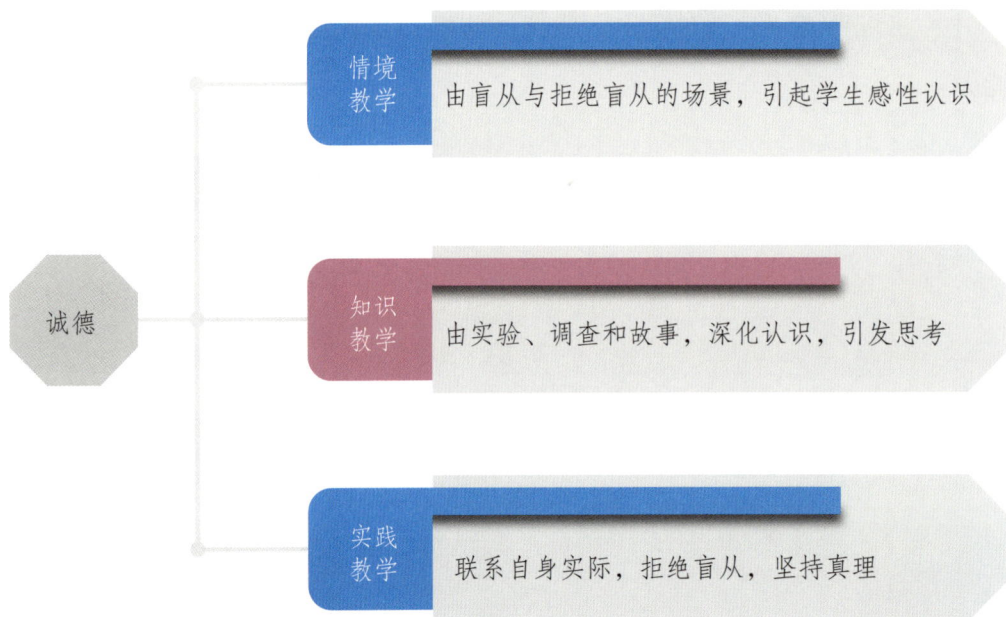

图2-13　情境教学、知识教学与实践教学

（3）完成价值追问、价值判断和价值践行的教学任务。

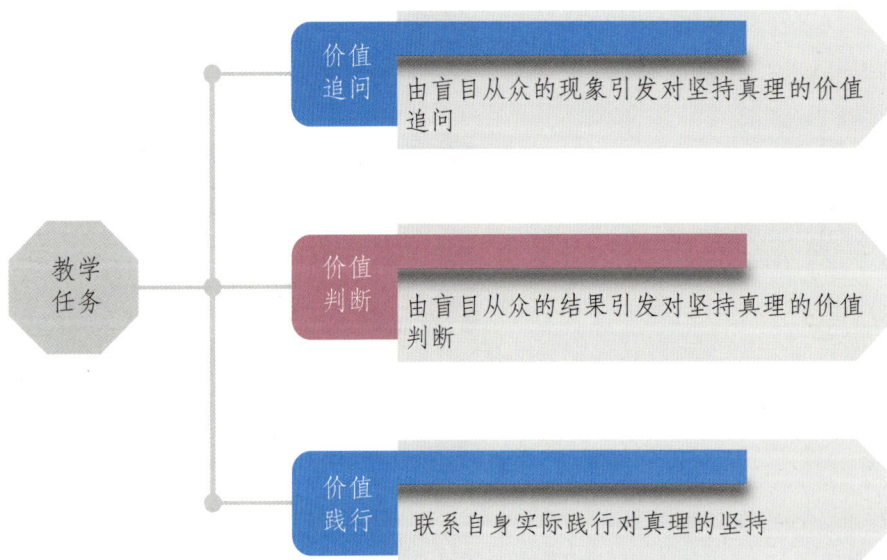

图2-14　价值追问、价值判断和价值践行

三、爱德主题

案例一　爱要说出口（幼儿园小班·爱德）

　　小花狗朵朵上幼儿园了。幼儿园的老师教小朋友们的第一句话是："我爱你！"老师嘱咐小朋友们："爱要说出口，要经常大声说'我爱你'！"大家都齐声跟着老师说："我爱你！"

　　回家的路上，朵朵心里特别高兴，见到小花，她大声说："小花，我爱你！"

　　见到大树，她大声说："大树，我爱你！"

见到大象，她大声说："大象，我爱你！"

回到家里，见到妈妈，朵朵大声说："妈妈，我爱你！"

见到爸爸，朵朵又大声说："爸爸，我爱你！"

开饭了，朵朵拿起筷子，对着桌子上的排骨和青菜大声说："排骨，我爱你！青菜，我爱你！"

晚上，要睡觉了。朵朵钻进温暖的被窝，轻轻地说："小床，我爱你！被子，我爱你！枕头，我爱你！"

爸爸和妈妈推开朵朵的房门，一起拥抱着朵朵，深情地说："朵朵，我们爱你！"

学而习之

朵朵放学后，看到小花、大树、大象、爸爸、妈妈，还有排骨、青菜、小床、被子和枕头，各说了一句"我爱你"。请数一数，朵朵共说了几句"我爱你"。

1. 教学目标

（1）在听故事和做游戏的过程中明白数的概念。

① 朵朵从放学回家到睡觉共说了 10 次"我爱你"。

② 故事中总共出现了 14 次"我爱你"或"我们爱你"。

（2）在听故事和做游戏的过程中明白爱的概念。

① 老师教小朋友们表达爱，小朋友们齐声向老师说"我爱你"，体现了师生之爱。

② 朵朵向爸爸妈妈说"我爱你"，爸爸妈妈也向朵朵说"我们爱你"，体现了家庭之爱。

③ 朵朵在回家的路上对小花、大树、大象说"我爱你",吃饭时向排骨、青菜说"我爱你",睡觉时向小床、被子等说"我爱你",说明爱不只是在人类间,爱存在于世间万物中。

(3) 在听故事和做游戏的过程中学会表达爱。老师教小朋友们大声说出爱,朵朵面对多个对象勇敢地说出"我爱你",呈现了一种最朴素、最真实的爱的表达方式。

2. 教学目标分析图

数的概念 朵朵放学回家直到睡觉共说了10次"我爱你"

爱的概念 朵朵向世间万物说"我爱你",爱在世间万物中

表达爱 勇敢地说出"我爱你",是对爱最真实的表达

教学目标

图2-15　教学目标

案例二 水是生命之源（三年级·爱德）

过目难忘

实验表明，人没有食物只靠空气和水最长能存活1个月左右。但是，如果没有水，只能存活3～5天。当身体缺水超过体重的2%时，会感到口干舌燥；当身体缺水超过体重的5%～7%时，会出现中毒休克或意识丧失；当身体缺水超过体重的26%时，就会有生命危险。水，是生命的源泉。

心中有数

据推算，一个三口之家一天日常生活用水分别为：饮用水3.6升，三餐用水30升，洗漱用水15升，如厕冲洗马桶用水54升。仅以上4项，一个三口之家一天用水大概为102.6升。

虽然地球表面 71% 覆盖的是水，但淡水资源只占总水量的 2% 左右，可被利用的淡水总量只占淡水总蓄量的 0.34%。地球上可被利用的水并没有人类想象的那么多，如果让它们继续被人类浪费，早晚有一天，会出现危机。

学而习之

1. 据调查，一个没关紧的水龙头一个月大约浪费 130 升水。如果一个城市中有 100 个没关紧的水龙头，一个月大约会浪费多少升水？照此计算，全国 600 多个城市一个月大约会浪费多少升水？

2. 如果每人每天需要饮用水大约为 2 升，上题中浪费的水可供一个人生活多少天？

融会贯通

节水的小方法

1. 洗菜、淘米的水可以用来浇花。

2. 洗手、洗脸、洗澡、刷牙时不要将水龙头始终开着，应该间断性放水。

3. 洗菜、洗碗、洗器物时，尽量用小水量洗涤。

4. 马桶水箱中放入一个 500 毫升盛满水的塑料瓶，每次冲水可节约 500 毫升水。

5. 用漂洗衣服的废水冲洗卫生间、冲洗拖把、冲洗楼道，也可准备两个塑料桶储存废水。

6. 合理使用太阳能热水器，每次使用时先将管中的冷水接入容器备用，是一种很好的节水方法。

1. 教学目标

（1）通过听故事、做练习、课堂互动等方式，培养学生的思维能力。

一是多维思维能力，观察同一事物要从多个角度来进行。

① 通过"过目难忘"的场景，了解水对生命意义重大，是生命的源泉。

② 通过"心中有数"的数据，了解一个家庭每天对水的基本需求量，了解地球上可用淡水资源是有限的，以及浪费带来的严重后果。

③ 通过"学而习之"的试题，了解关紧水龙头的重要作用，进一步论证节约用水的重要性。

④ 通过"融会贯通"的节水细节，掌握日常生活中各种节约用水的方法。

二是系统思维能力，对事物的分析要从现象入手，全面分析其发展变化的原因、过程和结果。

① 根据"过目难忘""心中有数""学而习之"给出的数据，从几个角度分析水是生命之源和节约用水的重要性。

② 结合"学而习之"的试题和"融会贯通"的妙招，学习节水的方法。

③ 将"学而习之"和"融会贯通"中的节水方法用到学习、生活中去，养成节约用水的好习惯。

（2）将爱德理念融入情境教学、知识教学、实践教学之中。

① 没有水人只能存活 3～5 天、一个三口之家一天用水大概为 102.6 升、一个没关紧的水龙头一个月大约浪费 130 升水等现实数据，清楚明白地展现在课堂上，将爱护水资源、节约用水的道理融入课堂情境，触动学生的心灵，使学生增强节约用水的感性认识。

② 通过对水与生命的关系、地球上可用水的数量、节约用水的妙招等知识的认知，将爱护水资源、节约用水的道理融入知识教育之中，进一步强化对节约用水的认识，引导学生进行理性思考。

③ 通过"学而习之"中的试题，引导学生联系自身实际，深入剖析，将

爱护水资源、节约用水的道理融入实践教学之中。

（3）完成价值追问、价值判断和价值践行的教学任务。

① 通过没有水人只能存活 3～5 天、一个三口之家一天用水大概为 102.6 升、一个没关紧的水龙头一个月大约浪费 130 升水等数据，使学生增强感性认识，进入爱护水资源、节约用水的价值追问阶段。

② 通过对水与生命的关系、地球上可用水的数量、节约用水的妙招等知识和方法的介绍，结合"学而习之"的试题练习，融入学科、理性分析，使学生进入爱护水资源、节约用水的价值判断阶段。

③ 通过学习"融会贯通"中的节水小方法，使学生进入学习实践阶段，达到价值践行的目的。

2.教学目标分析图

（1）通过听故事、做练习、课堂互动等方式，培养学生的思维能力。

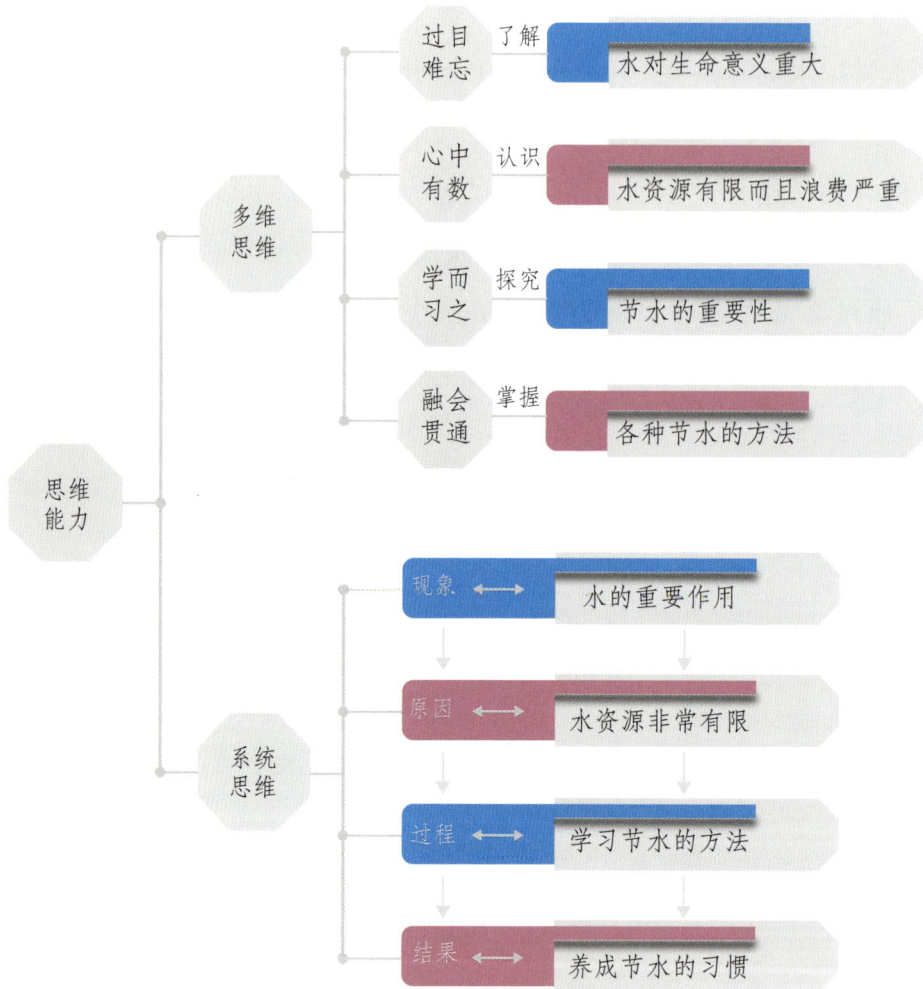

图2-16 学生思维能力培养

（2）将爱德理念融入情境教学、知识教学、实践教学之中。

图2-17　情境教学、知识教学和实践教学

（3）完成价值追问、价值判断和价值践行的教学任务。

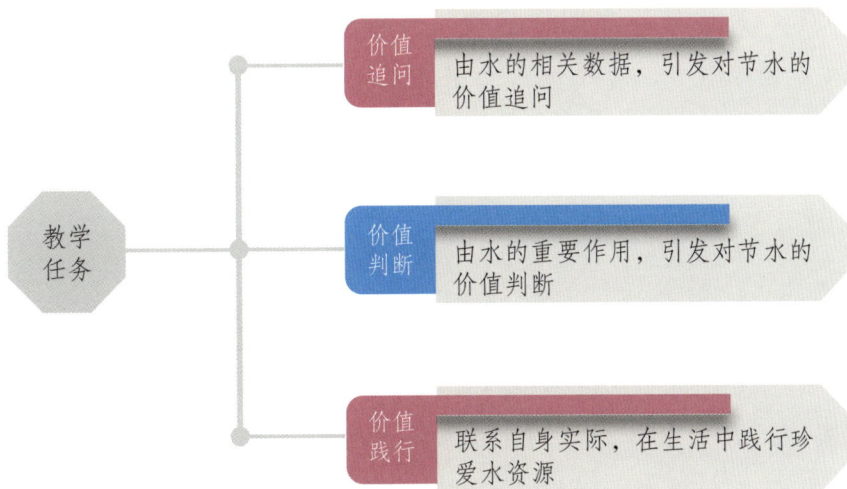

图2-18　价值追问、价值判断和价值践行

案例三　善待可爱土地（七年级·爱德）

过目难忘

2013年9月29日，农业部玉米专家组对新疆生产建设兵团农六师奇台高产玉米试验田种植的玉米品种进行实打验收。由山东登海种业股份有限公司育成的超级玉米新品种"登海618"亩产达1511.74公斤，刷新了我国玉米高产纪录。

心中有数

我国人口众多，耕地面积相对较少。数据显示，截至2012年底，我国耕地面积为13515.85万公顷，人口为13.54亿，人均0.1公顷耕地，明显低于世界人均耕地水平。耕地的质量、分布区域不平衡，土地的水土流失、沙漠化、土壤污染、草场退化等问题较多。据统计，我国水土流失总面积达356万平方千米（含风蚀），每年流失土壤约50亿吨。如果将这些流失的泥土堆成高宽各1米的堤坝，可以绕地球20圈以上。

学而习之

1. 小调查：向家长或身边的亲人了解一下，我们身边土地利用过程中存在着哪些问题？可采取什么措施解决？

2. 小实验：分别取等体积的土壤装在大小相同的两个容器里，各种一棵大蒜，在大蒜生长过程中，一棵用自来水浇灌，另一棵用旧电池浸出液浇灌，几天后观察两棵大蒜的生长情况。通过观察，你有什么发现？

融会贯通

沙漠绿化不是梦

新疆塔克拉玛干沙漠，是世界第二大流动沙漠，面积为33.8万平方公里，曾被人称为"死亡之海"。以前，塔克拉玛干沙漠黄沙漫漫，给人以恐怖之感。如今，"死亡之海"上建成了世界最长的贯穿流动沙漠的等级公路，被誉为世界第一条"沙漠绿色走廊"。

20世纪90年代初，大规模的油气勘探开发，唤醒了沉睡的塔克拉玛干沙漠。要打油井，先要修路。沙漠修路，谈何容易。经过科技人员和石油筑路工人3年多的努力，1994年我国在塔克拉玛干沙漠上建成了长达565公里的等级公路，把沙漠深处的塔里木油田与外面的世界联系在一起。

沙漠公路犹如一条黑色长龙游弋在茫茫黄沙之中，如不采取防护措施，7米宽的路面随时会被流沙吞噬。为了保证公路畅通，科技人员和筑路工人采用"强基薄面"结构的施工工艺，和"芦苇栅栏""芦苇方格"等固沙技术，牢牢地缚住了公路两侧的沙丘。

塔克拉玛干沙漠年均降雨量只有25毫米，年均蒸发量却是其150倍。为了让沙漠公路披上绿装，2003年，科技人员从70多种耐高温、抗风沙的植物

中筛选出红柳、胡杨、梭梭、沙拐枣等，在公路两侧 72 米至 78 米宽的地带种植防风固沙林木 2080 万株，总面积达到 3516 公顷；在林带中每 10 公里修建一个集水站，实现滴灌浇注。

20 多年过去了，500 多公里的塔克拉玛干沙漠公路，以两旁的"生命绿"展示着她的新姿，绿色林带簇拥着黑色长龙横亘在黄色沙海之中，川流不息的车队、林立的井架、蜿蜒的输油管线，让大漠焕发出了无限生机和活力。

1. 教学目标

（1）通过听故事、做练习、课堂互动等方式，培养学生的思维能力。

一是多维思维能力，观察同一事物要从多个角度来进行。

① 通过"过目难忘"的事例，了解培育超级玉米新品种，刷新了我国玉米高产纪录，让每亩耕地能养活更多的人。

② 通过"心中有数"的数据，了解我国耕地短缺、耕地破坏严重的情况。

③ 通过"学而习之"的试题，了解身边土地使用情况，剖析当前土地使用是否得当。

④ 通过"融会贯通"的故事，感悟到应该善待土地，思考如何善待土地。

二是放射思维能力，在了解我国的耕地使用情况、善待土地的途径和方法的基础上，从身边的实际出发，一方面调查土地使用情况，另一方面亲手做实验观察土地被污染的后果。

以案例三中的"学而习之"为例。"① 小调查：向家长或身边的亲人了解一下，我们身边土地利用过程中存在着哪些问题？可采取什么措施解决？② 小实验：分别取等体积的土壤装在大小相同的两个容器里，各种一棵大蒜，在大蒜生长过程中，一棵用自来水浇灌，另一棵用旧电池浸出液浇灌，几天后观察两棵大蒜的生长情况。通过观察，你有什么发现？"

三是系统思维能力，对事物的分析要从现象入手，全面分析其发展变化的原因、过程和结果。

① 根据"过目难忘""心中有数""学而习之"和"融会贯通"给出的数据，从几个角度分析善待可爱土地的重要性。

② 结合"过目难忘""心中有数""学而习之"和"融会贯通"给出的数据，研究分析善待土地的途径和方法。

③ 运用"过目难忘""心中有数""学而习之"和"融会贯通"给出的数据，深入分析善待土地和破坏土地所造成的不同结果。

（2）将爱德理念融入情境教学、知识教学、实践教学之中。

① 将超级玉米"登海618"破纪录、我国人均耕地面积少且水土流失严重、塔克拉玛干沙漠中的绿洲等场景拉入课堂中，将保护环境、善待土地的道理融入情境之中，触及学生的心灵，使学生增强保护土地、善待土地的感性认识。

② 将"过目难忘""心中有数""学而习之"和"融会贯通"的数据融入学科，使学生对保护环境、善待土地有进一步的了解，进行理性思考。

③ 通过"学而习之"的试题，使学生进入学习和实践阶段，将保护环境、善待土地的道理融入实践教学之中。

（3）完成价值追问、价值判断和价值践行的教学任务。

① 通过介绍我国超级玉米"登海618"亩产破纪录、我国人均耕地少且流失严重的情况，使学生增强感性认识，进入爱护水资源、节约用水的价值追问阶段。

② 通过"心中有数""学而习之"的数据，通过让学生自己调查和实验，将保护环境、善待土地的道理融入学科，使学生进入价值判断阶段。

③ 通过"过目难忘""心中有数""融会贯通"的故事和数据，培育学生保护环境、善待土地的情感；通过"学而习之"的试题，让学生进入自我学习、自我教育的状态，达到价值践行的目的。

2. 教学目标分析图

（1）通过听故事、做练习、课堂互动等方式，培养学生的思维能力。

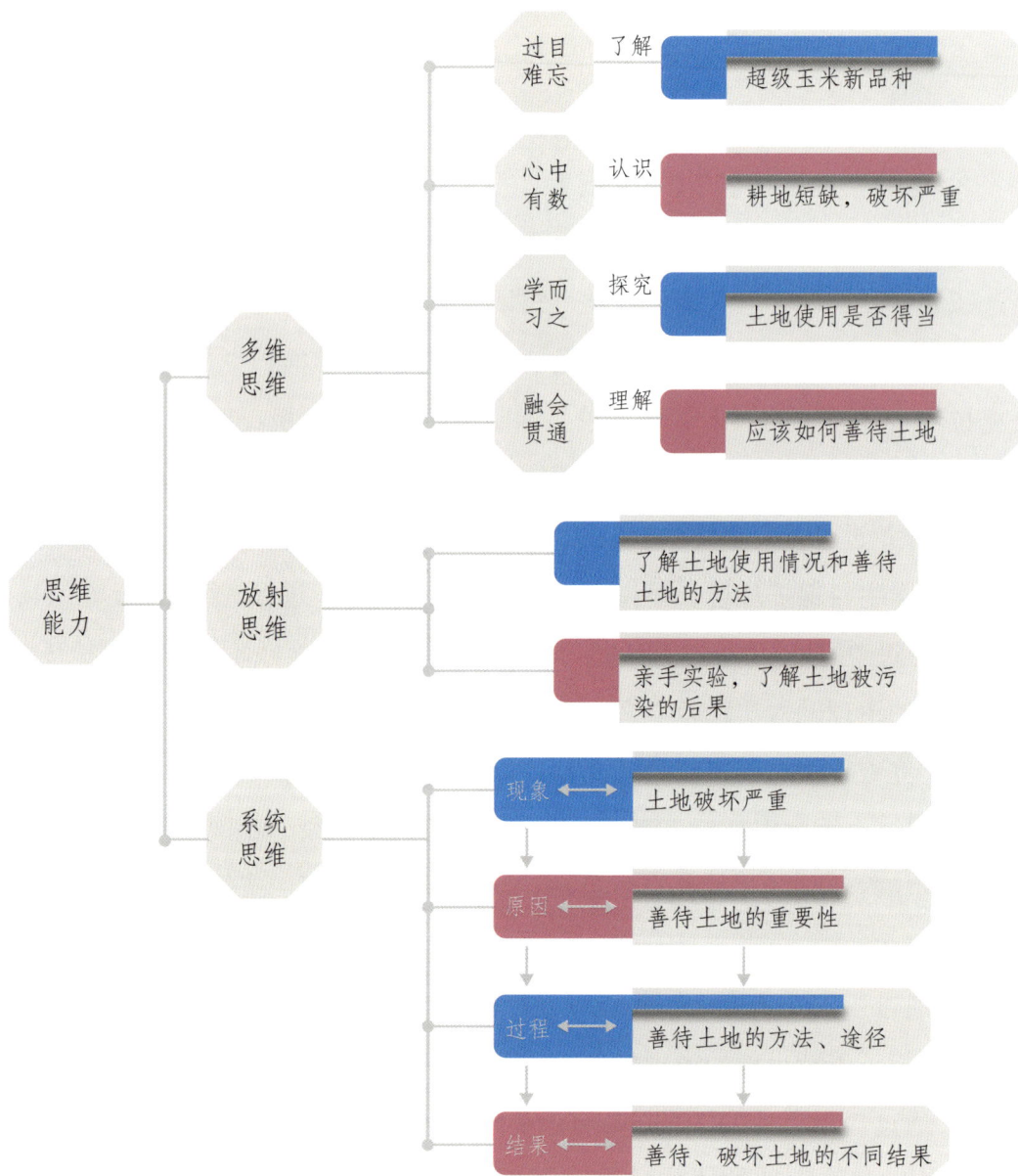

图2-19 学生思维能力的培养

（2）将爱德理念融入情境教学、知识教学、实践教学之中。

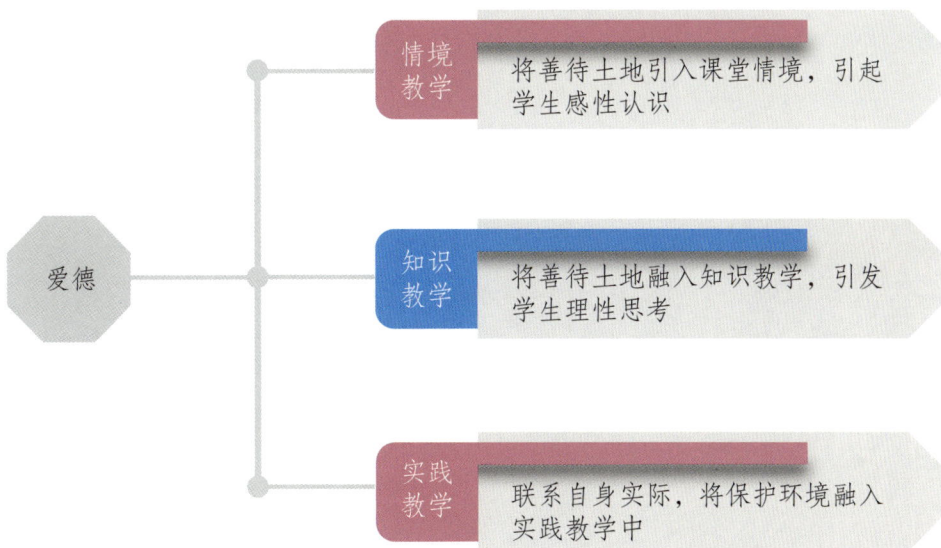

情境教学：将善待土地引入课堂情境，引起学生感性认识

知识教学：将善待土地融入知识教学，引发学生理性思考

实践教学：联系自身实际，将保护环境融入实践教学中

图2-20　情境教学、知识教学和实践教学

（3）完成价值追问、价值判断和价值践行的教学任务。

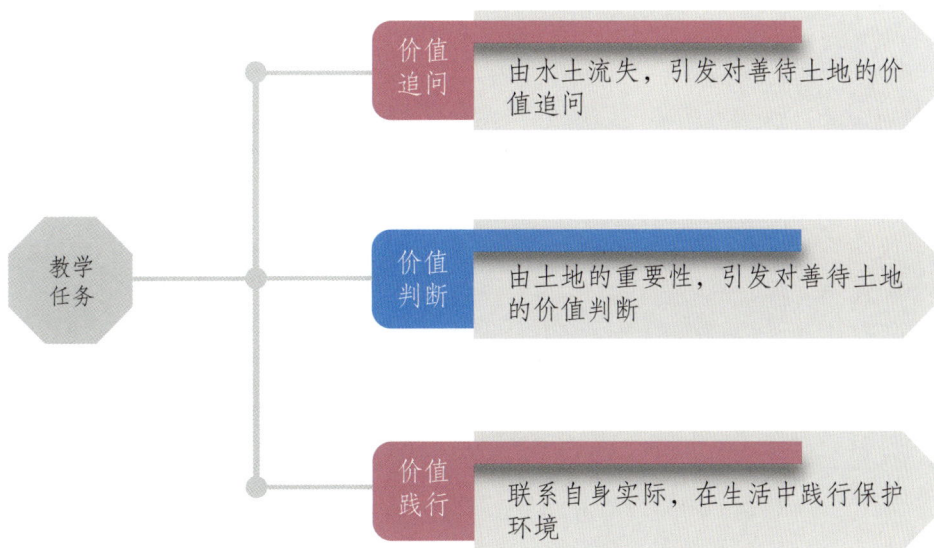

价值追问：由水土流失，引发对善待土地的价值追问

价值判断：由土地的重要性，引发对善待土地的价值判断

价值践行：联系自身实际，在生活中践行保护环境

图2-21　价值追问、价值判断和价值践行

第三章

《

『德融数理·知行合一』

德育模式的莱州教学应用

一、教学设计

城市美容师

莱州市双语学校　韩芳

教学目标

（1）感受环卫工人工作的辛苦与不易。

（2）提高学生保护环境的意识，增强学生珍惜美好生活的情感。

1. 导入

同学们，在我们身边有这样一个群体，他们每天起早贪黑，只为让我们生活在一个洁净的环境中，他们就是被誉为"城市美容师"的清洁工。（板书课题）请用响亮的声音齐读课题。老师想问，你们了解他们的工作吗？（生谈）

2. 心中有数

师：刚才有个同学也提到了"起早贪黑"这个词，这个词就是清洁工人一天的工作状态，他们为了城市的干净整洁，每天都辛苦地工作，默默地付出。那么，你们了解我国城市的卫生状况吗？请打开《社会公德·爱德》第61页，看"心中有数"。孩子们，60亿吨、300多万亩、95万余吨，这些巨大的数字，就是源于有些人无视、不尊重清洁工的劳动。请看大屏幕。（出示扔垃圾的图片）

师：草地上，果皮纸屑到处都是；活动现场宣传页随处可见；路边小吃摊旁，更是一片狼藉。看，这位乘客，这位市民，垃圾桶就在旁边，却随意地把垃圾往地上一扔……同学们，通过观察这些图片，结合了解这些数据，你想说什么？（生交流感受）

3. 学而习之

师：是的，这么多垃圾需要清洁工一个一个地弯腰捡起来。那么，清洁工一天要弯腰多少次呢？咱们以一个小区为例，来算一算。

打开书62页最上面的第1小题，谁想到黑板上来做？（屏幕出示"学而习之"内容）

师：其他同学在本子上计算，看谁算得又对又快，算完的请坐好。

师：同学们，清洁工每天要弯腰1500次，这数字意味着什么，让我们来体验一下。好，请这一排的同学全体起立，现在我们按照正常的弯腰节奏，做20次弯腰动作，数到20次就站好，好吗？（生做弯腰动作）

师：此时，你有什么感受？

师：孩子们，20次与1500次相比，真是微不足道，而我们已经气喘吁吁、腰酸背痛了。此时此刻，你最想对谁说什么？（生交流）

4. 感受辛苦

师：孩子们，一座城市中，保持环境卫生的主要力量就是清洁工人，他们几十年如一日，始终严格要求自己，以默默的行动忠实地履行着崇高的职责。现在，就让我们走近清洁工，感受他们的辛苦与不易。（放图片、配音）

师：每天清晨，当我们还在睡梦中的时候，清洁工已经奋战在大街小巷，开始了一天的工作。晚上，当我们与家人团聚的时候，他们仍然奋战在第一线。无论是三伏酷暑，还是数九严寒，无论是风雨交加，还是漫天飞雪，他们始终坚守在工作岗位上。日复一日，年复一年，任劳任怨，无怨无悔！就是做着这样一份平凡的工作，有人却得到了毛主席的接见。他就是荣获"全国劳动模范"称号的环卫工人——时传祥。时传祥出生于一个贫苦家庭，14岁因为逃荒流落到北京郊区的一家私人粪场，当起了一名淘粪工，一干就是20年。他用"宁可一人臭，换来万户香"的实际行动，赢得了全国人民尊敬，他毫不利己、专门利人的高尚品质，体现了对祖国、对人民、对社会无私的爱。孩子们，听了时传祥的故事，你有什么感受？

师总结：是呀！热爱工作、无私奉献就是时传祥坚守在淘粪一线20多年的不竭动力。

5. 引出大众美容师

师：时传祥的精神深深地影响着我们身边许许多多的人，他们也在为我们的城市环境默默奉献，我认为，他们也是城市美容师。请看大屏幕：许多志愿者利用休息时间走上街头，义务清除杂草，捡拾垃圾，清理野广告，学生们也纷纷走出校园，参与保护环境的活动。（出示图片）孩子们，你们知道该怎么做了吧？（生谈感受）

6. 升华总结

师：大家说得好。保护环境人人有责，这不只是一句口号，我们要用行动来践行它。为了我们的家园更加靓丽整洁，让我们从现在开始，争做城市美容师。（播放歌曲《爱的奉献》）

奶奶为我做棉衣

莱州市莱州中心小学　冯剑

教学目标

（1）通过教学，感受长辈做棉衣时的辛苦与不易。

（2）引导学生从生活的细枝末节感悟长辈对晚辈浓浓的爱。

（3）引导学生通过自己的行动孝敬长辈、关爱长辈。

1. 谜语导入

师：同学们，现在正值寒冬腊月，我们每个人都得靠厚厚的棉衣来抵御风寒。（板书：棉衣）那你们见过这样的棉衣吗？谁穿过这样的棉衣？能告诉大家你的棉衣是谁做的吗？穿在身上有什么感觉？（补充板书：奶奶为我做）是呀，棉衣穿着暖和，不仅仅是因为它有御寒的作用，更重要的是它包含着奶奶满满的爱。今天这节课咱们就一起学习《奶奶为我做棉衣》，感受这份深沉的亲情。

2. 情融数理、感受亲情

（1）学习做棉衣的步骤。

师：一件又软又温暖的棉衣是如何做成的呢？让我们一起随着课件来了解一下。（出示课件）看了刚才的介绍，你有什么想说的？是呀，我们单单看图片就能感受到做棉衣很麻烦，实际做起来，比图上展示的更烦琐。

（2）计算做棉衣的针脚数。

师：就拿这件婴儿棉衣来说吧，课前老师数了数，上面一共有 1200 个针脚。如果按照每月拆洗 1 次来算，冬季 3 个月，奶奶大约需要缝制多少针？请你快速在纸上算出答案。几乎每家每户的孩子在 3 周岁以前都会穿这种连体棉衣裤，3 年中，奶奶需要缝制多少针？面对这样一组数据，我看到有同学瞪大了双眼。想说点什么？

师：是呀，透过这 10800 针，我们仿佛能看到奶奶、姥姥戴着老花镜，用颤巍巍的双手小心翼翼、一针一线地为我们缝制柔软又暖和的棉衣。这不禁让我想起唐代大诗人孟郊那首脍炙人口的《游子吟》：慈母手中线……

这一针一线、一点一滴无不传达着奶奶、姥姥对我们深沉的爱。

（3）拓展阅读，感受亲情。

师：虽然因为各种原因，逐渐长大的我们很少再穿旧式棉衣，但长辈们对我们的爱从未减少分毫。请大家快速浏览 27 页《奶奶的故事》，你从故事中感受到了什么？

（4）回忆事例，感悟亲情。

师：我想，这个故事肯定让不少同学回忆起自己和奶奶、姥姥相处的情景。谁能结合自己的亲身体会说说，长辈们对我们的爱都藏在哪里？

从我们呱呱坠地开始，奶奶、姥姥就用自己默默的奉献表达着对我们的爱。大家看课件。

3. 课堂小结、畅谈感受

师：同学们，读着这首小诗，回忆着与长辈们相处的点点滴滴。你打算今后怎么做？人生最大的悲哀莫过于"子欲养而亲不待"。让我们多抽出时间陪陪家里的老人，陪他们说说话、散散步，为他们捶捶背、捏捏腿，让他们的晚年因为我们的陪伴而更加幸福、美满。

板书：

一针一线里

浓浓祖孙情

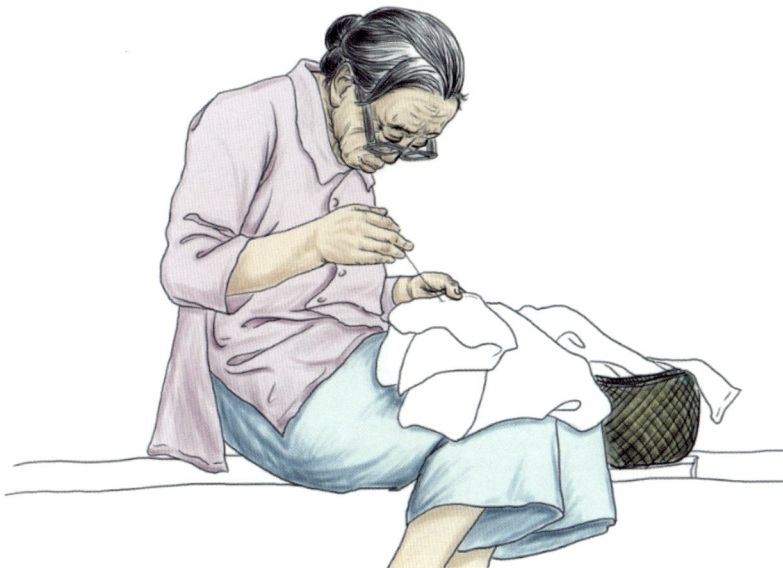

书山有路勤为径

莱州市文峰中学 崔燕

1. 导入新课

师：同学们，让我们用最响亮的声音齐读课题，你能说说它的意思吗？

文学家说，勤奋是打开文学殿堂之门的一把钥匙；科学家说，勤奋能使人聪明；政治家说，勤奋是实现梦想的基石。作为一名学生，你认为勤奋是什么呢？这节课我们就来探讨这个话题。

2. 走进文本，了解什么是"勤"

师讲述故事一，学生谈听后感受。

生1：走路时手指在身上练字，居然能将衣服磨破；一池清水，居然能被墨染黑；练字入迷竟然能把墨吃掉。这种精神真让人叹服。

师：你有一双慧眼，发现了故事中最让我们动容的句子。

生2：听了这则故事，我深有体会。我五岁开始练书法，记得当时最难写的笔画就是"捺"了。妈妈告诉我，王羲之为一"点"学了三年。于是，我打起精神，拿了张白纸重新写。一遍，两遍，三遍，反反复复。每天坚持，用心揣摩。功夫不负有心人，上学后，老师总夸我写字写得漂亮。每次学校书法比赛，老师总会选我参加。

师：每天坚持，用心揣摩，是你成功的秘诀。你是我们的榜样，向你学习！

生3：老师，我觉得不仅仅是练字，学知识也是如此。要想取得好成绩，一定离不开坚持，离不开用心。

师：你的见解很有深度。

师小结：在这个故事中，"勤"是坚持不懈，专心致志。

师讲述故事二,提问:这个故事中有几个数字特别震撼人心,大家记得吗?这些数字说明了什么?

生1:"17年""5万里"可以感受到玄奘西行的不易——时间之长、路途之远、磨难之巨。

生2:他带回佛经52筐,657部;译经75部,1335卷。我认为玄奘功勋卓著。

师(问题预设,引导):读画线的句子,大家想一想,玄奘翻译佛经用了多少年?加上西行取经的17年,一共用了多少年?他一共活了多少岁?这些年在他的人生中所占的比例有多大?(60%)

是什么支持着玄奘耗费60%的人生去做一件困难重重、枯燥乏味的事情?

生:是强大的护持佛法的信念。梦想在,行动在。

师小结:所以,在这里,"勤"是什么?(目标笃定,不畏艰辛)

师过渡:同学们,关于勤奋的故事,古今中外,灿若星河,数不胜数。

因为勤奋,安徒生从一个鞋匠的儿子成为童话大王;因为勤奋,罗曼·罗兰凭借20年心血的结晶《约翰·克利斯朵夫》获得诺贝尔文学奖;因为勤奋,巴尔扎克给人类留下了宝贵的文学遗产《人间喜剧》;还是由于勤奋,中国古人给我们留下了程门立雪、韦编三绝、悬梁刺股的千古美谈。

师:同学们,勤奋仅仅是名人、伟人的特质吗?在我们身边,并不缺乏勤奋好学之人,下面就请同学们在班级中寻找"我眼中的勤奋之星",并讲一讲他的故事。

生1:我眼中的勤奋之星是×××,下课后大家都在玩,我经常看到他找老师询问课堂上没听懂的问题。

师:抓紧课后每一分钟向老师请教疑难的×××是我们班的勤奋之星。

生2:我眼中的勤奋之星是×××,上课时我听到不感兴趣的知识偶尔会走神,可老师说,每节课×××都听得特别专注认真。

师:课堂上争分夺秒的×××是班级勤奋之星。

生3：我眼中的勤奋之星是×××，我觉得他的时间抓得特别紧，无论是在校时间还是在家，他总能认真投入地学习。他是我们班当之无愧的"学霸"，更是我心中的"男神"。

师：×××利用点滴时间提升自己，不愧是我们班的"学霸"加"男神"啊！

师小结：鲁迅先生说，哪里有天才，我是把别人喝咖啡的工夫都用在工作上的。

所以在这里，"勤"是什么？（"勤"是珍惜时间）

师质疑：老师不明白了，为什么有些同学也很珍惜时间，为了学习，起早贪黑，可成绩却不够理想呢？（勤奋还需要讲究方法）

师板书总结什么是"勤"。

师：同学们，大家请看，这就是勤奋，老师特别希望这些品质可以内化为你的品格，为你的学习插上一双勤奋的翅膀，助你在知识的天空中自由地翱翔。

3. 拓展延伸，了解为什么要"勤"

师：知道了什么是勤奋，那你知道我们为什么要勤奋吗？老师从网上找到一篇文章，拿来与大家共享：

我曾在一个悠闲的城市读过好几年书，那时候只要遇上晴天，学校的草坪就会被人们占领，整个下午，他们就在阳光下喝喝茶打打牌，我觉得这样真好！为什么我还要这么努力呢？

那时候住的地方有家苍蝇小馆，做的燃面很好吃，吃一辈子便宜的小菜也会活得很舒适的，为什么我还要这么努力呢？

我清楚地知道，只要放弃努力，生活会立即过得比努力时轻松得多，那么，为什么还要这么努力呢？

因为啊，一辈子满足于一个吃燃面的地方，那肉夹馍怎么办？锅包肉怎么办？是的，这世界上还有很多地方我没去过，很多美食没有吃过，很多不可思议的人没有遇到……一想到这些，我就躁动不安，就无法停止脚步。

虽然爬山很累，狼狈得像个傻子一样，虽然爬上去，被高原反应折磨得几乎放弃，但是爬着爬着，大雾像幕布一样散开，蓝天突然盖过来，就那么笔直地站在那里，看云海和雪山横在我面前，那种感觉，是在山脚感受不到的。

王安石说："世之奇伟、瑰怪、非常之观，常在于险远，而人之所罕至焉，故非有志者不能至也。"

所以要加倍努力啊，不是为了换取成功，不是为了超越别人，是为了去体验一个更大的世界的欲望！

学生根据短文，谈感受。

师总结：那么孩子们，我们还等什么？为了实现心中最美的梦想，为了关爱你的亲人绽放最动人的笑颜，为了将来有能力回报祖国、回馈社会，让我们从现在开始：

书山有路勤为径，学海无涯苦作舟！

先左脚　再右脚

莱州市金仓街道中心幼儿园　李小艳

1. 设计意图

孝是无法割舍的眷恋，孝是温情满满的幸福。孝的时机等待不起，趁父母长辈还健康，我们应该及时付出关爱。大班阅读《文明基因·孝诚爱》主题活动"先左脚　再右脚"，以情育德，以情导行，注重以情感教育给予幼儿潜移默化的影响，以育孝心、传孝德、扬孝行。此次活动，以爷爷和亮亮的故事为主线，以爷爷生病、亮亮陪伴贯穿始终，以画面的对比引发孩子们的情感共鸣。整个活动源于生活，贴近孩子们的生活经验，使孩子们感受到孝的表现方式，体会到生活的美好。希望通过此活动的设计，使幼儿尝试关心自己的家人，从身边的小事中发现、体会与家人在一起的幸福。

2. 活动目标

（1）了解孝德的含义，品味故事中的亲情。

（2）根据内容积极思考，较清晰地表达自己的想法。

（3）知道孝可以从身边点滴小事做起，萌发尊敬、关爱、孝顺长辈的情感。

3. 活动准备

故事《先左脚　再右脚》PPT 课件、自制短片《孝》、音乐《中华孝道》。

4. 活动过程

（1）认识亮亮和爷爷，引出故事内容。

（2）逐页观察画面，大胆表达自己的想法。

提问：亮亮怎么了？发生了什么事情？如果你的家人不舒服，你会做些什么？

（3）完整欣赏故事内容，感悟故事中亮亮和爷爷的情感，初步了解孝的含义。

讨论：亮亮为爷爷做了哪些事情？你觉得什么是孝呢？

教师小结：孝就是尽心奉养，可以从身边一点一滴的小事做起，关心爱护自己的家人。

（4）以情育德，以德导行，感受与家人在一起的幸福。

与家人互动，激发心中的情感，学着从身边的小事做起，去爱自己的家人。

（5）欣赏最美孝心少年的故事，学习他们孝敬长辈、阳光向上、自强不息的精神。

（6）播放短片《孝》、音乐《中华孝道》，升华情感。

结束语：孝就是照顾好自己，健康成长；就是要听长辈的劝导，不乱发脾气；就是多打电话，多陪伴长辈；就是有了好吃的先想着家人……从现在起，让我们做一个心中有爱、有孝心的人。

中华孝道

百善孝为先，孝敬是根本；

天地恩情永难忘，心中扎下根；

血脉流不断，山河岁岁新；

中华孝道是美德，传给后来人。

我的生日　娘的难日

莱州市莱州中心小学　冯剑

1. 谈话导入

师：同学们，你们喜欢过生日吗？为什么？

生：因为过生日可以收到礼物，还有好吃的。

师：有美食，有礼物，有祝福，的确是件美事。大家是美了，可你们知道，妈妈在生你的那天受了多少苦吗？今天咱们就一起回到妈妈孕育你的那段岁月，共同探索生命的历程，感受母爱的深沉。

2. 感受母亲怀孕时的不易

（1）计算母亲怀孕的时间。

师：妈妈怀孕大约几个月才能生下宝宝？

生：10个月。

师：准确地说应该是大约10个月。（课件出示：10个月）如果我们按照一个月4周来计算，是多少周？

生：40周。

师：40周是多少天？

生：280天。

师：增加点难度，是多少个小时？

生：是6720小时。

（2）计算妈妈体重的变化。

师：在这10个月、40周、280天、6720小时中，妈妈要时时刻刻小心翼翼地保护腹中的你。随着你一天天长大，妈妈的体重也发生着巨大的变化，以每周275克的速度增加。谁能快速算出到临产时，妈妈的体重大约会增加多少千克？

生：体重大约会增加 11 千克。

（3）谈背书包负重的感受。

师：11 千克到底是多重呢？老师让同学们课前准备的书包大约就是 11 千克，那谁能具体描述一下，从上课背到现在，你有什么感觉？

生 1：我现在腰酸背痛。

生 2：感觉像背着一座大山，压得喘不过气来。

师小结：既然这么累、这么沉，我们先把书包轻轻地放下吧。瞧，从上课到现在大约 5 分钟的时间，我们就腰酸背痛了。而我们的妈妈却要怀着这么重的你早出晚归，下了班还要做家务。不仅如此，请你们看课件，看到这些，有什么想说的吗？

生 1：妈妈怀我们简直太辛苦了。

生 2：真没想到妈妈要承受这么多痛苦。

3. 学习疼痛指数，感悟生命的来之不易

师：是的，怀孕是一件极其辛苦的事情，可即便再苦再累，妈妈都会咬牙坚持下来。（板书：坚守）这就是母爱。可你们知道吗，妈妈怀我们时的辛苦，与生我们时的疼痛比起来，实在是微不足道。请大家打开书第 3 页，找到大屏幕上的话，哪位同学能饱含深情地读一读？

指生读课本第 3 页的"心中有数"

师：从文字中的"疼痛指数"，我们可以明显感受到母亲生子是一件多么艰难的事。俗话说"十月怀胎苦，一朝分娩痛"。所以老人们都说，我们的生日，是妈的难日。（补充课题）可不管多疼、多累、多苦，母亲都能承受。因为，她期盼着腹中的你能平安顺利地来到这个世界上。（板书：期盼）这就是母爱。

4. 拓展汶川大地震

师：妈妈孕育了我们，生养了我们。在陪伴孩子成长的过程中，如果需

要，妈妈会在第一时间伸出温暖的双手，甚至不惜牺牲自己的生命保护孩子。请看课件。

师：老师看到有的同学眼泪在眼眶中打转，有的已泪流满面。此时此刻，你觉得母爱是什么样的？

生1：我觉得母爱是博大的。

生2：我觉得母爱是无私的。

师：是呀，母爱是孕育新生命时的坚守，是迎接新生命时的期盼，是在生死存亡时的舍己……

让我们带着对母亲的感恩，一起读一遍。

生读，师补充板书。

师：让我们把对母亲的爱融入字里行间，再读一遍。

学生饱含深情地读。

5.课堂总结、明理导行

师：古人云，羊有跪乳之恩，鸦有反哺之义。动物尚且如此，更何况我们人类。面对如此深沉、博大的母爱，让我们行孝在当下。（板书）珍爱自己的生命，回报母亲对新生命的期待；每天为母亲做一件小事，感谢母亲对我们的呵护。让母亲因为我

们的爱而永远快乐、幸福！（画心形图案）在后面的"感恩母亲行"活动汇报会中，我们再来交流为母亲做的事和感受。

二、教学体会

扬传统精髓　续民族血脉
携手文明基因做高尚中国人

莱州市莱州中心小学　冯剑

五千年中华文明源远流长。在浩瀚的历史长河中，中华传统文化展现出来的独特魅力，让世界为之赞叹，让国人为之骄傲！而传统文化中的核心内容仁义礼智信，包含着人类的文明基因，积淀着我们的精神追求。它不仅是我们传承千年、历久不衰的法宝，更是涵养社会主义核心价值观的重要源泉。践行社会主义核心价值观如何从中汲取丰富营养？如何结合孩子的年龄特点将传统美德教育真正落小落实？就在我们面对诸多问题的挑战之时，《文明基因·孝诚爱》读本应时而生。读本中一个个触动心灵的故事、一组组触目惊心的数据、一道道有温度的数理化习题，引领孩子们由知到行，融会贯通，如春雨润物细无声地帮助学生实现道德认知的深化、道德情感的升华和道德行为的转变。

1. 课堂是播撒道德种子的乐园

课堂是孩子们长知识、养道德的主渠道。在接近两年的《文明基因·孝诚爱》教学中，孩子们通过每一节课源源不断地汲取着道德的营养。譬如，在学习《我的生日　妈的难日》这一课时，为了达到感恩母爱回报母爱这一教学目的，我紧紧围绕教材搜集了大量的文字、图片、视频资料，将其巧妙地融合贯穿于教学环节。当孩子们通过计算感受到母亲体重的巨大变化时，当他们通过情境再现目睹了妈妈孕育自己的种种不易时，当他们通过体验活动感受到母亲怀孕过程中的腰酸背痛时，当通过"融会贯通"中的故事体会到母亲的无私奉献时，孩子们感动得泪眼婆娑……在感动的同时，更重要的是孩子们学会了如何回报伟大的母爱。有的孩子引用《孝经》中"身体发肤，受之父母，不敢毁伤，孝之始也"来表达爱护自己的身体是对父母最基本的孝顺；有的孩子为自己曾经的不懂事而追悔莫及；有的孩子则打算做力所能及的事情来减轻母亲的辛劳……听着孩子们的真情告白，我知道"孝"的种子已植根于他们心中。孩子们在计算的同时感受到数字背后巨大的道德力量，使数理化有了温度有了情感，营造了"未成曲调先有情"的浓厚情感氛围，使道德教育顺理成章、不着痕迹地沁入孩子们的心扉。再譬如，在教授《红灯停绿灯行》一课时，当孩子们看到有人因不遵守交通规则而导致车毁人亡的事故时，个个目瞪口呆，遵守交通规则的意识比以往任何时候都更深刻地印到学生心中。在教学《贫困儿童谁来救助》一课时，伴着哀怨的音乐，我播放了衣衫褴褛的贫困儿童用满是冻疮的小手捧着破旧的书本，在石头桌上认真阅读的场景，孩子们的眼睛湿润了……他们深刻体会到贫困儿童的不易和自己生活的幸福。在教授《诚信是金》这一课时，当播放信义兄弟孙水林和孙东林、替夫还债的武秀君等众多诚信人物事迹时，孩子们感受到了诚信的力量。在教授《城市美容师》一课时，孩子们体会到了清洁工的辛劳，更懂得了要尊重每一位劳动者……像这样的收获数不胜数、不胜枚举，在《文明基因·孝诚爱》的每节课上真情上演。学生们在一个个真实的故事里叩问自己的心灵，感悟道德的魅力。

2. 实践是催熟道德果实的阵地

陆游说过，"纸上得来终觉浅，绝知此事要躬行"。为了让道德教育不仅仅停留在教科书中，而是真正融入孩子们的成长历程，我把目光从小小的课堂投向班级、家庭、社会，通过多种途径开展各项实践活动，将道德教育贯穿于孩子们的日常生活中。譬如，在教授《家庭美德·孝德》这本教材时，组织了"我是小孝星""勤俭我能行""小鬼当家"等一系列活动；在教授

《职业道德·诚德》一书时，设计了"诚信之星""勤奋之星""遵纪守法之星"等一系列评选；在教授《社会公德·爱德》一书时，组织了"环保之星""团结友爱之星""今天我当家"等活动，让孩子们在不同活动中耳闻目睹，亲身实践，将道德教育真正落到实处。这些活动，我还邀请家长参与其中，共同见证孩子们道德方面的成长。比如，在开展"我是家长小帮手"这一活动时，请家长记录一个月来孩子每天做的家务事；在"我是环境小卫士"活动中，请家长记录孩子日常生活中爱护环境的具体做法；在"我是文明小市民"活动中，请家长记录孩子日常的文明礼仪之举……教师和家长通力合作，在校在家督促、帮助孩子养成良好的行为习惯，将道德教育落到实处，从而将道德教育最优化，共同培养学生的优秀品质。著名教育家蒙特梭利说过，"我听过了，我就忘了；我看见了，我就记得了；我做过了，我就理解了"。在一系列活动中，孩子们亲身体验到父母的辛劳、挣钱的不易、诚信的快乐、勤俭的重要……德育不再是空口说教，而是切身的体验。

回眸与《文明基因·孝诚爱》携手走过的日日夜夜，有太多太多的欣喜包含其中。孩子们不再像以前那样以自我为中心，不仅能设身处地地为他人着想，而且能主动向周围的人传播正能量。当看到孩子们弯腰捡起地上的垃圾，当听到家长夸赞自己的孩子懂得感恩，当得知更多的孩子自愿加入志愿者行列，当更多的人向孩子伸出大拇指……我仿佛聆听到了孩子们的道德之树抽枝拔节的声音，这一切都是《文明基因·孝诚爱》这本书赋予的。在学生道德观、人生观形成的关键时期，它如一缕春风让美德的种子在孩子们心中生根发芽，为孩子们今后的人生奠定了坚实的基础。

"蒙养之始，以德育为先。""德不优者，不能怀远。"句句经典无不说明道德教育的重要性。为人师者肩负着培育孩子们良好品德的重任，让我们通过学习《文明基因·孝诚爱》系列读本，帮助孩子们写好人生中最重要的一笔。携手文明基因，做高尚中国人！

"孝诚爱"教育模式

——培育和践行社会主义核心价值观的奠基工程

莱州市双语学校校长 赵福庆

习近平总书记指出:"培育和弘扬社会主义核心价值观必须立足中华优秀传统文化。"孝德、诚德、爱德是中华优秀传统文化的根基与命脉,积淀了中华民族深厚的道德文明精华。莱州市双语学校以此为基点,创建了"孝诚爱"教育模式,作为培育和践行社会主义核心价值观的奠基工程,取得了良好成效。下面从四个方面予以介绍。

1. "孝诚爱"的三个价值定位

(1)"孝诚爱"是社会主义核心价值观的根基工程。习近平总书记指出:"核心价值观,其实就是一种德,既是个人的德,也是一种大德,就是国家的德、社会的德。""孝诚爱"是每个中国人必须履行的对父母、社会、国家的一种道德责任和道德义务,因此,从价值认知层面上看,"孝诚爱"是社会主义核心价值观的重要源泉,是培育和践行社会主义核心价值观的根基工程。

(2)"孝诚爱"是道德教育的核心因素。道德教育是学校教育的重要内容,包括法治、安全、环保、国防、卫生、理想、责任、心理教育等,这众多的教育内容都属于家庭美德、社会公德、职业道德的范畴,而这三个范畴都由"孝诚爱"生发而成,因此,"孝诚爱"是道德教育的核心因素。

(3)"孝诚爱"是生命成长的文明基因。教育源于生命,学校教育要促进学生自然生命、精神生命、智慧生命全面和谐地发展,这三种生命形态,都需要"孝诚爱"的滋养浸润。"孝诚爱"是自然生命的土壤,是精神生命的源泉,是智慧生命的动力,因此,"孝诚爱"是学生生命成长的文明基因。

2."孝诚爱"教育的"三化"策略

(1)科学化。"三德"教育的理论支撑,应从教育学、道德发展心理学、社会学和哲学等方面考虑,否则将是盲目的实践。"三德"教育应从道德认知、道德情感、道德发展、道德行为四个方面考虑问题,每一个方面都可以分成三个有递进层次的行为层级:

道德认知:道德记忆→道德理解→道德判断;

道德情感:道德认同→道德顺应→道德追求;

道德发展:他律阶段→他律与自律相结合阶段→自律阶段;

道德行为:从"孝""诚""爱"每个方面又可分为有递进关系的三级:

孝:替父母之劳→宽父母之心→成父母之志;

诚:不说谎→不作假→不失信;

爱:尊重他人→包容他人→关爱他人。

(2)课程化。学校为"三德"教育设定专门的校本课程,在实施过程中做到有目标、有内容、有方法、有评价,其具体课程形态为以下七种:

文本课程:学生阅读"孝诚爱"读本,每学期十节课;

仪式课程:主要形式为尊师礼、成童礼、诚信礼、节庆典礼等;

借代课程:开展"美德银行""德育动车组""德育超市"等活动;

模拟课程:举办模拟法庭、模拟联合国、听证会等;

艺创课程:学生进行"三德"连环画创作、"三德"小品创作、"三德"歌曲创作等;

融理课程:学生围绕"三德"创编数理化试题,并进行评奖活动;

休闲课程:学校将"三德"综合实践活动编入寒暑假《双语学校休闲教育指南》。

（3）显性化。"三德"教育的效果必须显性化，只有把德育的模糊评价转化为有温度的数据，才能使教育的调整与成长有理可依，有据可查。比如在班级评价中，主要评价班级收到的表扬信数量、家长满意率、问题学生转化率等。

3."孝诚爱"教师的四个先行

道德成长的过程是多向影响的过程。孔子认为"其身正，不令而行；其身不正，虽令不从"，可见，教师是孩子道德成长的镜子。学校要求教师在"孝诚爱"教育中应身教重于言教，以身作则，做到四个先行，即孝心先行、诚心先行、爱心先行。

为引导教师做好四个先行，保障实施效果，学校制定了六步行走路线："三德"理念→现状分析→拟定标准→重点活动→反馈矫正→总结评价。

（1）明确"三德"理念，提高教师认识。学校多次召开领导与骨干教师会议，组织学习上级文件精神，结合教师的职业道德要求与教育实际，探讨研究，明确了教师"三德"理念，即孝行天下、教无捷径、童心母爱、克己复礼。学校专门召开"三德"教育动员大会，提出要把"三德"教育作为当前和今后工作的重中之重，全面提高教师对"三德"教育的必要性、重要性及其内涵的认识。

（2）进行现状分析，了解问题所在。为了有针对性地开展"三德"教育工作，学校在全体教师中进行问卷调查，了解教师在工作生活中普遍存在且影响重大的四个突出问题，即孝心不足、诚信缺失、爱有差等，从而有的放矢地开展学校的工作。

（3）拟定各种标准，规范"三德"行为。学校成立以校长为组长的"三德"专题教育领导小组，依据"三德"教育精神，拟定了符合学校和教师实际的标准，包括《双语学校教职工践行孝行基本要求》《双语学校教师爱生准则及评价标准》《双语学校教师诚信公约及评价标准》，确保"三德"教育实施有标可依，有准可行。

（4）开展重点活动，强化专题教育。在专题小组的领导下，学校开展了一系列"三德"教育先行专题实践活动，有"一封家书传真情""让孝心提升品位"活动，有"教师任教承诺书""一个不能少，每个都重要"活动，有"多给优生一份爱""师生沟通谈心"活动，等等。学校各部门制订详细活动方案，周密部署，认真安排，引导教师将"三德"教育落实到自己每天的教育教学行为中，落实到关心、关爱学生健康成长的细节中，提高教师"三德"自律意识。

（5）进行反馈矫正，全面剖析自我。为了引导教师对自己的理念和行为进行经常性反思，针对自身问题查根溯源，以此来达到规范教学行为、提高道德素养、提升自我修养的目的，学校进行了一系列的反馈矫正活动，比如"电话家访孝行"活动、"数字信息评教"活动、"关爱优等生问卷调查"活动、"教师语德学生问卷"活动、"整改约谈"活动等，使"三德"先行教育不断得到完善和发展。

（6）及时总结评价，深化升华理念。学校开展了很多总结评价活动："三德讲坛"，让"三德"精神得到传承发扬；"感动双语人物评选"活动和"三德标兵评选"活动，进行榜样示范，启迪"三德"践行；"三德评价档案"活动，记录每一位教师"三德"教育先行的形式、过程、内容和阶段总结，便于领导与教师进行查阅与反思。及时的总结、评价，使每一名教师都能在这种有声的启迪和无声的熏陶中，潜移默化地深化升华"三德"教育理念，从而更好地先行"三德"、践行"三德"。

4.培养学生"孝诚爱"的三个视角

为确保德育的实效性，学校从德育重点目标、主要方法、重要途径三个视角，进行"孝诚爱"教育。

（1）重点目标："三德"教育的目的是培养学生走向道德自觉，最大化彰显优秀品格，成为一个"内方外圆"的中国人。

（2）主要方法：学校从教育学和心理学的角度出发，筛选出成效明显的四种方法。

　　树立榜样：学校定期开展"'三德'小明星评选""我心中的榜样"活动，拟定详细的评选条件和细则，各班级用民主的方式评出优秀同学，由学校隆重表彰，带动更多的学生成为"三德"小明星。

　　每日反思：学校制作"'三德'反思记录本"，人手一册，引导学生进行"每日三问"，即每天读到了什么，想到了什么，做到了什么，促使学生从他律走向自律。

　　互帮互助：学生之间根据自我角色定位，自由组合成立"三德成长共同体"，共同体的规章制度、人员组织、活动开展和总结评价，都由学生自主完成，这样用学生带动学生，用学生帮扶学生，共同提高，共同进步，进一步做好道德的自觉养成。

　　制定公约：学校制定"学生'三德'公约"，通过具体详细的条文条例，使学生自我约束，自觉践行，从而在学生的内心种下一颗"三德"的种子，确保"三德"教育的健康可持续发展。

　　（3）重要途径：学校主要通过课程、活动、文化三种途径，保障"三德"教育的顺利实施。

　　课程：此途径同"三化"策略中的"课程化"。

　　活动：学校依据"三德"精神要求，开展了"诚信在心中""孝德连心桥""三爱在身边"三个活动主题，并在此基础上进行形式与内容的不断拓展，让学生在活动中体验，在活动中成长，使"三德"精神根植于学生内心。

　　文化：学校通过"看、听、演"三种不同的感官刺激，给予学生精神上的全方位动力。

　　学校发掘、利用校园环境，进行"三德"环境创建，形成了浓厚的"三德"立体环境文化，以浓厚的道德文化氛围浸染学生的精神世界。组织学生进行"三德"歌曲传唱，通过每日的听和唱，使"三德"精神铭记于心。进行"三德"韵律操展演，通过身体动作与内心世界的结合，达成"三德"精神的深化于心。

三、经验总结

烟台：力推社会主义核心价值观进校园 "莱州经验"以德树人

导读：2015年1月2日，山东省社会主义核心价值观进校园教育活动现场观摩研讨会在烟台莱州召开，来自山东省宣传教育系统的140余名代表参加了研讨会。

烟台莱州市结合青少年学生心理特点，把社会主义核心价值观融入校园文化建设，融入学生喜闻乐见的实践活动，融入教育教学全过程，从立德修身抓起，让每个孩子从小树立社会主义核心价值观，让"中国魂"扎根在9万莱州娃心里，已经成为一种共识和行动。

1. 推进社会主义核心价值观进校园

莱州是"四德"工程发源地。"四德"教育已经积淀成为莱州的传统德育内容。近年来，莱州市以推进"四德"教育课程化为着力点，充分发挥课堂的主渠道、主阵地作用，使社会主义核心价值观教育落细、落小、落实。莱州市积极推进社会主义核心价值观进校园活动，实施了"六个区域推进"，分别是区域推进传统美德教育，实施美德育人；区域推进传统文化教育，实施文化育人；区域推进体育与艺术教育，实施体艺育人；区域推进书法教育，实施书法育人；区域推进孝诚爱教育，实施课程育人；区域推进家庭教育，实施联合育人。2015年，莱州把《文明基因·孝诚爱》丛书作为社会主义核心价值观教育读本，以读本为依托推进社会主义核心价值观进校园活动，先在17所学校试点，后在全市推开。各学校以建设特色育人校园为重点，充分利用校园广播、板报、橱窗等媒介，利用文化长廊、班级文化、宿舍文化等阵地，广泛传播、张贴和展示社会主义核心价值观24字要求，并将《论语》片段、古典诗词名篇、《三字经》等传统文化精粹以及当地历史人物、名人逸事等内容制作成校园内随处可见的文化景观，让中华民族优秀传统文化与地域历史文化浸润学生的成长历程，更让社会主义核心价值观逐步成为学校文化的风骨和灵魂。在每天大课间活动、每周升旗仪式与重大节日，各学校举行道德宣誓仪式，整理推广各学段学生应做的"十三件事"，与家长交流"应语忌语"，以推进中华传统文化教育。将4月定为中华传统经典诵读演唱月，组织开展读经典、唱经典、演经典比赛展示活动，通过丰富多彩的社团活动为孩子健康成长注入正能量。

2. 多活动为学生植入社会主义核心价值观

针对区域推进传统美德育人方面，主要开展了五项活动："一誓三礼"活动。"一誓"，是道德宣誓。在每天上午和下午的大课间、每周升旗仪式与重大集会升旗仪式上，举行道德宣誓活动。通过反复宣诵，把口号转化成根植于学生心灵的修养、无须提醒的自觉和为他人着想的善良。"三礼"，是尊师礼、成童礼和成人礼。每年9月初，全市小学、初中、高中和职业学校分别举行尊师礼，面向初中新生和高中新生分别举行成童礼和成人礼，教育学生尊敬师长、知恩感恩、勇于担当、健康成长。莱州一中开辟了120多个校内外实践基地，建立了100多处社区服务基地，定期组织学生开展街头广场卫生保洁等公益活动，鼓励引导学生在实践历练中把社会主义核心价值观落实到行动中，全面提升学校综合办学与育人水平。通过指导学生会、学生社团自主举办模拟法庭、道德辩论会、道德演讲赛、经典诵读歌会等活动，将美德、志趣、法纪内化于心，外化于行。组织学生到企业、社区、博物馆，到市场、农田、空巢老人家庭，去参观、调查、劳动、服务，让学生在行动中受到启迪和磨炼。

3. 把要求具体到学生日常行为中

坚持立德树人，不断创新举措，莱州一中以社会主义核心价值观为总领，加强和改进学校德育工作，把社会主义核心价值观的要求具体到学生日常行为中。每天大课间活动时，莱州一中都要组织同学们举行道德宣誓和社会主义核心价值观宣誓。通过精心设计教学活动，学校将社会主义核心价值观教育有机渗透到孩子们的学习和生活中。莱州一中校长蔡润圃介绍，为了把社会主义核心价值观的要求具体到学生日常行为中，学校确定了学生应做好的"十三件事"，涵盖做人、做事、读书、生活习惯、爱好特长等方面。从 2010 年开始，莱州一中每年都举行野外拉练活动，这不仅有利于磨炼师生意志、培育团队精神，而且师生能沿途领略、学习月季文化、书法文化、道教文化、佛教文化以及环境、地理、植物知识，野外拉练逐步拓展成为一门学生终生难忘的综合实践课程。以文化为载体，教育和引导学生树立中国精神，塑造中国人格，传承中国智慧，共建富强、民主、文明、和谐的中国，逐步成长为德智体美全面发展的中华好公民，是莱州培育和践行社会主义核心价值观的重要举措。把社会主义核心价值观作为教书育人的行动指南，纳入学校办学目标和办学思想，进一步完善和丰富校训、校风、教风、学风，并充分利用校园广播站、学校电视台、板报、橱窗等媒介和阵地，广泛传播、展示和解读社会主义核心价值观 24 字要求，让社会主义核心价值观逐步成为学校文化的风骨和灵魂。

4. 培养学生受益终生的基本素养

全市各学校以晨诵、午唱、晚讲的方式，实施经典文化教育。全市统一制订下发了《中小学传统文化教育指导篇目》，各学校从中精选经典名篇，编写了《礼》《义》《诚》《孝》《信》和《学校三字歌》作为校本教材，引导学生日读良言勤修身，日行一善做好人。

把《中华传统文化基本教材》纳入地方课程，每周一节课，引领学生在传统文化的丛林里自由呼吸。把海洋、石材、太极拳、草艺、纸艺等莱州当地资源性和工艺性传统文化引入课堂，以乡土文化滋养学生成长。将 4 月定为中华传统经典诵读演唱月，开展读经典、唱经典、演经典的系列比赛展示活动，让经典融入师生的品格和灵魂。把《论语》《孟子》《大学》《孝经》《道德经》

《弟子规》《三字经》《千字文》中的经典篇章、莱州名人逸事，通过石刻等形式做成学校景观，让先圣先哲先师走进校园，与师生会面、交流。把中国史、党史、建军史及莱州史、校史引入学校展馆，让催人奋进的历史文化激励师生奋勇前行。将体育与艺术教育教学纳入学校领导推门听评课范围，纳入教师大比武活动，督促学校开齐开足开好体育、音乐、美术课程，培养学生健康的体魄、阳光的心态、高雅的情趣和良好的气质。坚持开展体育大课间活动，保证学生每天有不少于一小时的体育活动时间。把太极拳、乒乓球推广到全市各学校，作为校本课程纳入体育教学管理体系。坚持树立终生体育观和终生艺术教育观，努力培养学生受益终生的基本素养。莱州是中国书法之乡，全市各学校依托这得天独厚的优势，设立了书法教室和书法教师工作室，配置了必要的器材与工具书。把书法教育作为地方课程纳入素质教育体系，中小学生每周一课时书法课，实行中小学生在班级每日一练，在学校每周一展，在全市每学期一评。笔墨间蕴藏着的浩然正气正在潜移默化地引导着学生端端正正写字，堂堂正正做人。

（本文发表于《烟台日报》　　记者　李京兰　通讯员　李松涛　任君涛）

传统文化"滴灌"润童心

"若你所在的小区有 5000 人、清洁工 10 人，平均每人每天扔 3 次垃圾，清洁工每捡一次垃圾就要弯一次腰，那么，每位清洁工平均 1 天要弯多少次腰？"

这是莱州市双语学校的一堂"社会主义核心价值观和优秀传统文化"微课上，授课老师韩芳向在座学生提出的问题。

经过一番计算后，学生们纷纷举手。一名男生站起来回答："答案是 1500 次。""你自己能做到每天弯腰 1500 次吗？可以在座位旁做 20 次试试。"老师又问。

过了一会儿，这名学生气喘吁吁地说："老师，连续弯腰 20 次就感觉很累了。""那你现在有什么感想？"老师问。学生答道："环卫工人真是太辛苦了，我们不应该乱扔垃圾，不应该增加他们的负担。"

这节微课仅有短短 15 分钟，但下课时，学生们脸上写满了收获。这是 2014 年以来，莱州"文明基因·孝诚爱"进课堂试点的一个缩影。

莱州现有各级各类学校 67 处，在校学生近 8 万人，教职工 6800 余人，先后获得"全国两基工作先进市""全国义务教育发展基本均衡县""山东省教育工作示范市""山东省素质教育先进市"等称号。作为山东省"四德"工程建设的起源地，莱州在社会主义核心价值观和优秀传统文化进校园活动中又走在前列，于 2014 年 8 月承担了"文明基因·孝诚爱"进课堂试点工作。

"文明基因·孝诚爱"进课堂，听上去简单做起来不易。教什么？由谁教？怎样教？这三个现实问题摆在了莱州面前。"我们首先确定了双语学校、实验中学、莱州中心小学等 17 所学校参与试点。教体局与学校联合成立课题组，以学科教研员、教科人员为领头人，组织骨干教师解读读本、设计教法、编写教案、整理案例，为试点学校提供示范和指导。"莱州市教体局局长尹文涛说。

"微"成为莱州德育实践中的一大特点。不仅课堂教学微观细致，《文明基因·孝诚爱》读本也以"德融数理·知行合一"为目标，通过一系列短小精悍的故事，深入浅出地讲述做人的道理。《文明基因·孝诚爱》读本入选国家新闻出版广电总局 2016 年向全国青少年推荐的百种优秀图书，目前已在全市中小学校全面推开，开课率达到 100%，有 20 多个教研课题被列为市级课题，其中 10 多个子课题已经顺利结题，有 6 所学校的 10 多个成型经验在全市推广。

"德融数理的目的，在于知行合一。"莱州市双语学校初二级部的首席班主任生晓玲对此有很深的体会。她探索的模拟课程主要有模拟招聘、模拟拍卖、模拟法庭等，让学生通过对不同社会角色的体验来达到提升道德意识、强化道德行为的目的。

"每组的所有成员共同完成一个模拟工作场景，这个阶段主要培养学生们的合作能力、组织能力以及责任、尊重、宽容、关怀之心等。在这个实践过程中，让孩子们学习诚信友善，学会合理消费，增强人际交往。"生晓玲说。

莱州市双语学校4年级13班郑涵中的妈妈任玲玲讲述了这样一件事："近几天天很热，孩子在网上买的东西到了。看到快递员站在太阳底下满头大汗，孩子跟我商量，要给这位叔叔10元钱让他买根雪糕吃。能懂得别人的辛苦，是一个有爱的孩子。"

"文明基因·孝诚爱"进课堂活动得到了来自北京和济南的教育专家的一致赞赏。"如果说以往的道德教育是一种'大水漫灌'式的教育，那么现在莱州的实践就相当于'滴灌式'教育。它将孩子的学习活动与社会实践紧密结合，将孩子置身于复杂的矛盾和问题之中，将解题过程转换为探求人生真理的过程，使单纯的数理化教学鲜活生动起来，进而达到情理交融、触及心灵、润物无声的效果，培养和提高孩子分析问题、解决问题的能力。"

（本文发表于《大众日报》　记者　董　卿　隋翔宇）

第四章 >>

『德融数理·知行合一』
德育模式的淄川教学应用

一、教学设计

植树造林　美化环境

（综合实践活动　二年级）

淄川区实验小学　王　红
淄川区实验小学　岳小磊

1. 课标依据

《国家九年义务教育课程综合实践活动指导纲要（3—6年级）》"3—6年级综合实践活动的具体目标"部分第1条："亲近并探究自然，热爱自然，初步形成自觉保护周围自然环境的意识和能力。"

《义务教育小学品德与生活课程标准（2011年版）》"课程内容"部分："爱护动植物，节约资源，为保护环境做力所能及的事。"

《义务教育小学数学课程标准（2011年版）》"学段目标"部分"第一学段（1—3）年级"第1条："在具体情境中，能选择适当的单位进行简单的估算。"

2. 活动分析

《植树造林　美化环境》是学校根据《国家九年义务教育课程综合实践活动指导纲要》，自主开发的校本课程，将《文明基因·孝诚爱》丛书中《爱护森林，共建绿色家园》的内容融于活动。

3. 学情分析

小学二年级学生对绿色植物的名称和作用了解比较少，教师充分利用学生已掌握的知识，引导他们在调查、探究、实践等一系列活动中发现问题和解决问题，通过对校园中的现象、数据的调查，理解人与自然的关系，增强学生爱护环境、保护生态的意识。

4. 活动目标

目标1 认识校园中常见植物的名称，引发学生探究植物奥秘的意愿。

目标2 通过对数据的对比、分析、归纳、总结，了解绿色植物的作用，了解蕴含的科学道理。

目标3 掌握基本的爱护花草树木的方法，培养学生保护生态环境的意识。

5. 活动评价

（1）交流式评价：通过学生提问、交流相关知识、师生交流、生生对话，检测目标1、目标2的达成情况。

（2）表现性评价：通过观察实践活动的过程及学生参与时的情绪，检测目标3的达成情况。

6. 活动准备

课前小调查：学校绿化情况的调查、树木作用的调查。

7. 活动过程

过程一：价值追问

前置活动：学生分组（雪松组、法国梧桐组、白蜡组、樱花组）分区域调查学校内花草树木情况。

（1）由境生情。

各组汇报调查学校花草树木的情况，认识、了解校园内的花草树木。

（2）由情询问。

教师根据学生的调查情况提出问题：校园里大约有多少棵树？学校为什么种这么多树？引导学生思考植树的作用。

过程二：价值判断

（1）由问寻数。

讨论：树有哪些作用？

树是自动调温器。夏日树荫下温度比空地上低 10 度左右，俗话说："大树底下好乘凉。"

1 棵树就是 1 座小氧吧。1 棵树 1 天平均排放的氧气够 3 个人呼吸 1 天。我们学校 600 棵树排放的氧气大约够多少人呼吸？

1 棵树就是 1 座小水库。树根可以抓住土壤，防止水土流失。

1 棵树就是 1 座小银行。1 棵 50 年的树，木材价值大约为 2000 元。它还有更大的生态价值，比如排放氧气的价值，防止大气污染的价值，涵养水分的价值等，1 棵 50 年的树的价值合起来可以达到 120 万元。我们学校的树 50 年后的生态价值有多大？（不同树种价值是不同的）

引导学生讨论，了解树的作用。

（2）由数解理。

花草树木的作用可真多。

过程三：价值践行

（1）由理启智。

每年的植树节大家植树了吗？如果每人每年植 1 棵树，全校 1500 人能植多少棵树？全世界呢？树是我们人类的朋友，我们既要多植树，又要保护它们，我们应该怎么保护树木呢？（学生讨论）

（2）由智成行。

实践活动：师生共同护绿。

学生认养校园内的植物，开展浇水、扫落叶、养护绿化等活动，启发学生爱绿护绿从自己做起。

打扫卫生

（综合实践活动　三年级）

淄川区实验小学　谭燕飞

1. 课标依据

（1）《国家九年义务教育课程综合实践活动指导纲要（3—6 年级）》"综合实践活动的性质"部分第 1 条："综合实践活动以活动为主要开展形式，强调学生的亲身经历，要求学生积极参与到活动中去，体验和感受生活。"

（2）《国家九年义务教育课程综合实践活动指导纲要（3—6 年级）》"3—6 年级综合实践活动的具体目标"部分第 4 条："亲身实践，学会使用一些最基本的工具和仪器。"

（3）《义务教育品德与生活课程标准（2011 年版）》"课程内容"部分："爱护家庭和公共环境卫生。""尊重社会各行各业的劳动者，爱惜他们的劳动成果。""为保护周围的环境做力所能及的事情。"

2. 教材分析

《打扫卫生》是我校依据《国家九年义务教育课程综合实践活动指导纲要（3—6 年级）》，自主开发的综合实践活动。本活动的设计与实施渗透数学、品德等学科知识，又将《文明基因·孝诚爱》丛书中《社会公德·爱德》的内容融于活动中。

3. 学情分析

三年级是小学生知识、能力、情感价值观形成的关键时期，他们对打扫卫生有了一些浅显的认识。我校三年级学生能够在老师的安排下完成自己班级的卫生区域打扫任务，但看到垃圾并不会自觉捡拾，尚未养成良好的行为习惯。他们还没有自觉尊重保洁人员和爱护他人劳动成果的意识。

4. 活动目标

目标 1 通过参与体验大扫除活动，掌握一些简单的劳动技能，培养学生良好的劳动习惯。

目标 2 利用熟悉的学校生活场景，调查了解保洁阿姨的工作情况，用数据唤起学生爱护他人劳动成果的意识，增强保护环境的意识。

目标 3 将爱德融入实践活动中，培养学生对劳动者的热爱和尊敬之情。

5. 活动准备

学生调查学校保洁阿姨打扫卫生的真实工作情况。

6. 活动评价

（1）交流式评价：通过打扫活动中师生交流和生生对话进行交流，检测目标 1 的达成情况。

（2）达成水平性评价：通过由数解理，学生表达数据所带来的震撼，检测目标 2 的达成情况。

（3）反应评价：引导学生以实际行动为保洁阿姨送爱心，检测目标 3 的完成情况。

7. 活动过程

过程一：价值追问

（1）由境生情。

① 交流课前调查：学校保洁阿姨打扫卫生的情况。

② 分组打扫卫生——学生参与劳动体验。

（2）由情询问。

通过刚才的劳动体验，你们有什么感受？

各组谈劳动的真实感受。

过程二：价值判断

（1）由问寻数。

刚才我们只是打扫了短短 6 分钟的时间，大家就觉得累了，腰酸了，胳膊疼了。你们知道保洁阿姨一天的工作量吗？

（2）由数解理。

老师推送：我们学校的保洁阿姨每人负责一栋教学楼的卫生打扫工作。一层楼的面积大约是 200 平方米。

学生计算：我校每栋教学楼有 4 层，200 平方米 ×4 层 =800 平方米，一位保洁阿姨每天要弯腰清洁大约 800 平方米的面积。

老师推送：我们一个教室的面积大约是 60 平方米。

学生计算：800 平方米相当于 13 个教室的面积还多一点。保洁阿姨每天要打扫两次，那就是相当于打扫 26—27 个教室。

学生惊叹：保洁阿姨的工作量如此之大，真是太辛苦了！

过程三：价值践行

（1）由理启智。

正是由于她们的付出，才有了干净整洁舒适的校园环境。今后我们应该怎么做？

① 我们要尊重保洁阿姨，爱护她们的劳动成果。

② 今后不乱扔垃圾，随时捡拾垃圾。

③ 提醒他人不乱扔垃圾，不乱涂乱画。

④ 积极主动干好值日，打扫好卫生。

（2）由智成行。

实践活动：

① 学生对保洁阿姨说出自己的心里话。

② 学生自觉与保洁阿姨一起劳动，让学校变得更加干净明亮。

节约粮食　从我做起

（综合实践活动　四年级）

淄川区实验小学　王菁丽

淄川区实验小学　王永凯

1. 课标依据

（1）《国家九年义务教育课程综合实践活动指导纲要（3—6 年级）》"综合实践活动的性质"部分第 1 条："以活动为主要开展形式，强调学生的亲身经历，要求学生积极参与到各项活动中去，在调查、考察、实验、探究、设计、操作、制作、服务等一系列活动中发现和解决问题，体验和感受生活，发展实践能力和创新能力。"

（2）《义务教育小学品德与社会课程标准（2011 年版）》"课程目标"部分第 1 条："珍爱生命，热爱生活，养成自尊自律、乐观向上、勤劳朴素的态度。"

2. 教材分析

《节约粮食　从我做起》是学校依据《国家九年义务教育课程综合实践活动指导纲要》自主开发的综合实践活动课程，并将《文明基因·孝诚爱》丛书三年级中《不浪费粮食》的内容融于课程。

3. 学情分析

四年级的学生已经有了一定的节约意识，但生活中仍然存在浪费现象。本活动旨在教育学生不糟蹋、浪费粮食，懂得尊重他人的劳动成果，培养学生勤俭节约的良好品质，增强他们节约粮食的意识和社会责任感。

4. 活动目标

目标 1　运用学过的知识和技能，计算、分析出学校餐厅每人每天浪费粮食的数据，由此逐步延伸，通过大数据触动学生的心灵，增强他们对于节约粮食的感性认识，并主动运用到实践中。

目标 2　通过亲身体验，培养学生尊重劳动者、珍惜他人劳动成果的优良品质。

5. 活动准备

（1）认真观察并用多种方式记录学校餐厅午餐时的浪费现象。

（2）在家中学做馒头或饺子等，体验制作食品的过程。

（3）走进学校餐厅的面食制作间，体验馒头的制作过程。

（4）走进学校餐厅，做小小宣传员、实践小达人。

6. 活动评价

（1）交流式评价：通过活动中学生回答问题的情况，师生交流的情况以及生生对话的情况，检测目标 2 是否达成。

（2）表述性评价：通过对搜集到的相关资料的交流、讨论，通过师生互动评价，检测活动目标 2 是否达成。

（3）达成水平性评价：通过对数据的整理计算，对计算结果引发的思考的表述，检测学生是否真正认识到节约粮食的重要性，能否即刻行动起来，实现知行合一，检测目标 1 是否达成。

7. 活动过程

过程一：创设情境、活动体验

实践体验活动：由学生午餐丢掉的馒头引导学生展开交流，借助问题激发参与兴趣。到学校餐厅的面食制作间体验做馒头的过程……

设计意图：由学生真实体验入手，亲身感受餐厅的工作。

过程二：交流感受、触动心灵

学生根据自己参加活动的情况说出感受。（让学生在回答问题的过程中，将自己的真实体验，以及与餐厅工作人员交流后的感受，在家中参与活动的感受表达出来，知道粮食的来之不易，体会劳动者的辛苦，懂得尊重他人的劳动成果）

设计意图：本环节采用表述性评价。通过交流、讨论搜集到的资料，师生互动评价，检测活动目标 2 是否达成。

过程三：数据中的思考

引导学生计算出学校餐厅中每人每天浪费粮食的数据，由此扩展，逐步延伸到计算一周、一月、一年的数据，并将这些数据进行等价转换。（如：将一斤馒头折算成钱，再将产生数字的时间范围扩大，与家长的月工资、年收入等

进行比较，触及学生的实际生活，引发他们的思考）

（1）根据学生搜集到的信息进行计算。一天浪费的馒头：一个泔水桶大约收集 40 个馒头，餐厅设有 3 个桶，请你算一下午餐时整个餐厅大约浪费多少个馒头？（40×3=120 个）1 个月呢？（120×30=3600 个）10 个月呢？（3600×10=36000 个）……

（2）等价转换：6 个小馒头价值 1 元，一天大约有多少钱被浪费？（120÷6=20 元）一个月呢？（3600÷6=600 元）10 个月呢？（36000÷6=6000 元）……

在数据的引导下，学生展开激烈讨论，不同的认知相互碰撞与融合，探讨节约的方法。（引导学生在自然交流中达到"学而习之"的目的）

设计意图：本环节采用达成水平性评价。通过对数据的整理计算，通过交流由计算结果引发的思考，检测学生是否真正认识到节约粮食的重要性，检测活动目标 1 是否达成。

过程四：学做节约小达人

（1）提议为餐厅设计节约标语。

（2）写份节约粮食倡议书，向全校师生发出倡议。

（3）建议成立志愿服务小队，餐后帮食堂工作人员收拾餐具。

（4）做义务宣传员，提醒周围的同学及身边的亲人行动起来节约粮食……

设计意图：本环节采用交流式评价。通过师生交流情况以及生生对话情况，引导学生即刻行动起来，实现知行合一，检测活动目标 2 是否达成。

通过以上四个活动环节，师生借助交流式、表述性、达成水平性评价及时对各环节的交流、讨论结果达成共识，实现认知的升华，真正做到知行合一，促使学生即刻行动起来。

母爱无边　孝心最美

（品德与社会　五年级）

淄博市淄川区北关小学　张孝荣
淄博市淄川区实验小学　王菁丽
淄博市淄川区实验小学　翟纯红

1. 课标依据

（1）《义务教育品德与社会课程标准（2011 年版）》"我的家庭生活"部分第 1 条："知道自己的成长离不开家庭，感受父母长辈的养育之恩，以恰当的方式表达对他们的感激、尊敬和关心。"第 5 条："知道家庭成员之间应该相互沟通和谅解，学习化解家庭成员之间矛盾的方法。"

（2）《义务教育数学课程标准（2011 年版）》"学段目标"部分第二学段（4—6 年级）："体验从具体情境中抽象出数的过程"，"掌握必要的运算技能"。"课程内容"部分第一学段（1—3 年级）："在现实情境中，能进行简单的单位换算。"

2. 教材分析

《母爱无边　孝心最美》是《文明基因·孝诚爱》五年级《知恩篇：难忘父母养育恩》和《文明基因·孝诚爱》六年级《报恩篇：做最美孝心人》中的内容。该内容从学生与妈妈的生活实际入手，通过相关数据的呈现、计算，让学生体会妈妈的辛苦和母爱的伟大，意识到母爱无处不在，孝敬是美德。

3. 学情分析

五年级学生已经有了一定的感恩意识，但是作为家中的"小皇帝""小公主"，好多同学体会不到父母的辛苦，认为父母为自己做什么都理所应当，衣来伸手，饭来张口。本课借助课前调查、课上交流、数据计算、课后践行等方式，激发学生对家人特别是妈妈的尊重、感激与关心，培养他们良好的习惯和家庭责任感。

4. 教学目标

（1）通过情境创设和问题追问，感受妈妈对自己的爱。

（2）通过相关数据的呈现、计算、分析，播放"爱心妈妈"音频资料，让学生体会妈妈的爱和辛苦。

① 如果妈妈每天接送你上学 4 次，每周上学 5 天，每学期按 20 周计算，小学 5 年一共是 10 个学期，妈妈总共接送你多少次？通过次数之多感受妈妈的辛苦。

② 假设每次接送的路程约 2 千米，小学毕业时妈妈一共走了多少千米？如果学校操场每圈 300 米，妈妈 5 年走的路程能绕操场多少圈？通过计算并联系学生生活经验，体会妈妈的辛苦。

（3）通过情境创设、观看视频、对话反思，引导学生体会"母爱无边　孝心最美"，并自觉践行。

① 模拟再现妈妈唠叨自己，自己不理解冲妈妈发脾气的场景，反思自己还有哪些做得不对的地方。观看妈妈说心里话的录像，在交流中增进对妈妈的理解，听取妈妈的教诲。

② 播放"爱心妈妈"音频，了解特殊儿童妈妈的艰辛，深入体会母爱的伟大。

③ 观看"最美孝心少年"事迹录像，引发共鸣，反思自我。

④ 帮妈妈做力所能及的家务，和妈妈多沟通，用实际行动关爱妈妈，孝敬妈妈。

5. 教学评价

目标 1　达成的评价方案：通过情境创设和问题追问，引导感受妈妈的爱。

目标 2　达成的评价方案：学生通过相关数据的了解和计算、分析，以及情境创设等方式，深入体会妈妈的爱与辛苦付出，引发"怎样孝敬妈妈"的思考。

目标 3　达成的评价方案：学生在回答问题时参与度高，能踊跃发表自己的见解，能认真倾听同学的发言，能意识到在日常生活中从点滴小事做起，用实际行动孝敬母亲，做孝的践行者。

6. 教学过程

过程一：抛出问题 —— 引发追问

（1）创设情境，引发共鸣。

多媒体出示"朗读者"画面，教师做朗读者，读著名作家严阵的《我的母亲》片段，引导学生交流感受，体会母爱。

设计意图： 由著名作家的故事引入，有说服力，让学生由作家母亲的爱自然联想到自己母亲的爱。

（2）联系生活，价值追问。

日常生活中，妈妈有多爱我们？妈妈付出了多少？

过程二：列举数据——震撼心灵

（1）数据呈现，感受辛苦。

多媒体出示：据统计，孩子出生到2岁左右，妈妈大约要为孩子洗2500块尿布。此外，还要洗 5000 次袜子，2000 次脸，1500 次脚，600 次澡，如果是女孩，妈妈还要为孩子梳头 3000 次。除此之外，妈妈每天还要洗碗、买菜、准备三餐……调查显示，每个妈妈平均每天要做 42 件家务，84% 的妈妈表示"工作以外的大部分时间都在忙碌家务"。

（2）数据计算，理性思考。

① 如果妈妈每天接送你上学 4 次，每周上学 5 天，每学期按 20 周计算，小学 5 年一共是 10 个学期，妈妈总共接送你多少次？

$$4×5×20×10=4000（次）$$

② 假设每次接送的路程约 2 千米，小学毕业时妈妈一共走了多少千米？如果学校操场每圈 300 米，妈妈 5 年走的路程能绕操场多少圈？

$$4000×2=8000（千米）$$

$$300 米 =0.3（千米）$$

$$8000÷0.3 ≈ 26667（圈）$$

③ 学生谈感受，体会妈妈的辛苦。

④ 结合"埃德尔曼财经服务组织"得出的评估结论，引导学生体会任劳任怨、不图回报的伟大母爱。

设计意图：一是体现"德融数理"的理念；二是通过让学生了解妈妈做家务的具体数字，通过计算妈妈接送孩子上学走过的路程，深入体会妈妈的辛苦付出，为树立"怎样孝敬妈妈"的思考做好心理铺垫，实现价值追问。

过程三：回应现实——反思自我

（1）情境再现，引发思考。

① 学生模仿妈妈唠叨自己，自己冲妈妈发脾气的场景。

② 播放妈妈说心里话的视频。

③ 学生交流感受，思考除了不理解妈妈的唠叨，还有什么做得不好的地方。

（2）播放"爱心妈妈"音频。

设计意图：通过交流自己与妈妈相处时存在的问题，反思自己的行为；通过"爱心妈妈"的事例，体会特殊孩子的妈妈付出得更多。激发学生内疚之情，实现价值判断。

过程四：实践引导——自觉践行

（1）观看中央电视台 2016 年"最美孝心少年——向小康"的事迹录像。

交流感受。

（2）引导践行。

① 填写孝心卡。（同时循环播放背景音乐《天空之城》，直至下课）

② 交流分享，引导学生明确今后该怎么做。

过程五：课外作业

（1）送出孝心卡。

（2）做孝的践行者。

设计意图：该环节是本节课的重点。首先观看"最美孝心少年"的事迹，通过讨论交流观后感，引发学生共鸣，渗透孝敬母亲的道德教育。"情动而辞发"，讨论后接着让学生写下最真实的想法。最后在表达心声的过程中，升华至爱母、孝母意识的培养与行动，明确今后该怎么做，由价值判断实现价值践行。

零花钱，自个儿挣！

（主题班会 七年级）

山东省淄博第十五中学 李 鹏

山东省淄博第十五中学 杨荣国

淄博市淄川区磁村镇中心学校 李文浩

淄博市淄川区磁村镇中心学校 李志雁

淄博市淄川区第二中学   梁 喆

淄博市淄川区实验中学   孙红梅

1. 课标依据

（1）《义务教育思想品德课程标准（2011年版）》"成长中的我"部分第2条："2.7 养成自信自立的生活态度，体会自强不息的意义。"

（2）《义务教育数学课程标准（2011年版）》"课程内容"部分第三学段（7—9年级）"统计与概率"第1条："经历收集、整理、描述和分析数据的活动，了解数据处理的过程。"

2. 教材分析

《零花钱，自个儿挣！》为《文明基因·孝诚爱》七年级《奉献社会篇：让梦想在青春中绽放》的第一节内容。该内容立足于学生生活实际，通过对国内外儿童零花钱的取得与支配的调查，结合关于"10年的零花钱需要洗多少天多少个盘子"的计算，一方面让学生体会金钱的来之不易，懂得珍惜，懂得感恩；另一方面让学生认识到"自个儿挣"挣到的不只是钱，更是尊严与独立，进而升华至自立生活，提高个人自立能力。

3. 学情分析

（1）从年龄特点来看，七年级学生正处于叛逆期，学生渴望经济独立，却没有经济来源，缺乏经济独立的基础，由此常常引发与父母之间的矛盾。

（2）学校位于淄川城区，授课班级共有 30 名学生，家庭人均年收入 2 万元以下的占 56.7%，家庭人均年收入 2—4 万元之间的占 33.3%，家庭人均年收入 4 万元以上的占 10%。通过调查，班内大多数学生家庭条件良好，大约 86.7% 的学生零花钱直接来源于父母，约 26.7% 的学生能够有预算地支配自己的零花钱。

（3）家长文化层次调查显示，高中学历及以下的占 60%，专科学历的占 30%，本科学历及以上的占 10%。关于零花钱的给予方面，78.3% 的家长认为直接给孩子就可以，21.7% 的家长认为孩子需要自己挣零花钱，81.7% 的家长能够监控孩子对零花钱的支配，18.3% 的家长对孩子如何支配零花钱不够关注。

4. 教学目标

（1）通过对"零花钱的来源"调查问卷的统计与分析，引导学生思考讨论零花钱怎样取得更合理，树立劳动所得更光荣的观念。

（2）通过洗碗工劳动量的计算，一方面让学生体会金钱的来之不易，要懂得感恩，懂得珍惜；另一方面让学生意识到劳动换来的不只有钱，更有光荣与自尊。

（3）通过学生之间的交流、讨论，引导学生找到合理取得零花钱的方式方法，培养自信自立的生活态度，体会自强不息的意义。

5. 教学评价

目标 1 达成的评价方案：通过对"零花钱从哪里来"调查问卷的统计与

分析，引导学生认识到伸手向父母要钱的依赖性与不合理性，意识到自己挣的钱，再少也是自己的，要来的钱，再多也是别人的。

目标 2 达成的评价方案：通过计算父母 10 年给的零花钱需要洗多少盘子才能挣到，结合自己与其他同学零花钱来源的对比，反思自己错误的"等靠"观，认识到钱多与少都来之不易，体会到父母一心为家庭的辛劳与无私，认识到劳动所得的真正价值所在。

目标 3 达成的评价方案：通过环节二、三的总结与升华，寻找适合自己的零花钱取得方式，将问题延伸至学生自信自立中来，使学生能够认识到合理取得与支配零花钱是一种自立自强的表现。

6. 教学过程

过程一：问题导入

提出背景：据家长反映，入夏以来，同学们向家长要零花钱的数量和次数大大增加，有的甚至影响了亲子关系。

提出问题：你是以怎样的方式取得零花钱的？

设计意图：以班级存在的问题为背景，引发学生思考，导入课题。

过程二：零花钱从哪里来

由学生主持，开展活动：

（1）学生分组交流，展示"关于零花钱的调查"的相关数据，分析当前学生零花钱来源的现状。

（2）反思自己零花钱来源的现状，思考并讨论存在的认识问题。

教师活动：小组交流调查结果时，教师巡视，了解学生的调查情况，指导学生汇报，避免重复情况出现。

教师可以根据学生讨论的情况，适时引入下一环节。

设计意图：学生分组统计数据，将数学方法应用到班会中，一是体现

"德融数理"的理念，二是通过自主计算出的数据与国内外的数据做对比，学生更能深入发现自己在自立意识及能力上的差距，认识到应该自己挣取零花钱，为树立"零花钱，自个儿挣"的正确意识，为思考怎样挣得零花钱做好心理铺垫，实现价值追问。

过程三：体会钱的来之不易

学生活动：

算一算：（1）你的父母每天给你多少零花钱？10年中你从父母那里得到了多少零花钱？（一年按365天算）

（2）在饭店做洗盘工，按照每洗一个盘子挣2毛钱计算，要想挣到父母给予的10年零花钱，共需洗多少个盘子？假如你平均每天能够洗200个盘子，共需洗多少天？

说一说：通过自己计算出来的数据，体会金钱的来之不易，体会父母一心为家庭的辛劳与无私，思考自己该做些什么，该怎么做。

教师活动：用媒体呈现洗碗图片，引导学生计算，并分析结果，产生共鸣，引发反思。

设计意图：在计算追问中步步深入，发现家长的钱是怎么来的，思考"几元"的零花钱是多还是少，体会金钱的来之不易。结合自己与其他同学零花钱来源的对比，一是反思错误的"等靠"观，树立"零花钱，自个儿挣"的自立意识；二是认识到金钱多与少都来之不易，要懂得感恩，懂得珍惜；三是意识到劳动换来的不只有钱，更有光荣与自尊，实现价值判断。

过程四：怎样挣取零花钱

学生活动：由学生主持，挣过钱的同学讲挣钱方式与渠道。然后集体讨论怎样合理挣取零花钱。

教师活动：学生讨论过程中，教师不加干涉，随时将学生说出的挣钱方式板书在黑板上。直至学生讨论结束，教师再次引导学生发现"省钱是对于学生来讲最简单的挣钱方式"。并追问：反思一下自己最近几天的消费，你觉得哪些支出是不必要的？哪些支出是有意义的？渗透合理支配零花钱的正确消费意识。

设计意图：该环节是本节课的重点。首先解决零花钱怎样自个儿挣的问题，完全交由学生思考、讨论、交流，寻找适合学生的"挣钱"途径和方式方法，明晰劳动的价值所在；其次思考怎样支配零花钱最合理，教师可以通过提示"省钱"这种方式，渗透合理支配零花钱的正确消费意识；最终升华至自立意识的培养与行动，由价值判断实现价值践行。

过程五：小结

学生活动：各抒己见，讨论这节课自己有什么收获。

教师用媒体呈现两组照片（配音乐），一组是忙碌中的父母，另一组是实践活动中体验父母工作的学生。

教师总结：滴自己的汗，吃自己的饭，自己的事自己干。靠人，靠天，靠祖上，不算是好汉。——陶行知

设计意图：以学生的生活实际为例，再次触动学生心灵，课程在陶行知先生的名言中落下帷幕，留深思给学生，达到价值践行的目的，将自立的意识转化成实际行动。

天然水的人工净化

（化学　八年级）

淄川区实验中学　宋守娟

淄川区罗村中学　孙　宇

淄川区实验中学　贾　静

淄川区昆仑中学　光　程

淄博第十中学　　杨　鹏

1. 课标依据

《义务教育化学课程标准（2011 年版）》"课程内容"部分"身边的化学物质"第 2 条："二（二）了解吸附、沉降、过滤和蒸馏等净化水的常用方法。"

2. 教材分析

《天然水的人工净化》是鲁教版八年级化学教材第二单元第二节《自然界中的水》中的内容。讲授该课时，将《社会公德·爱德》中《水是生命的源泉》的内容和《学业道德·诚德》中《诚是生命的基本元素》的内容融于课堂教学。

3. 学情分析

沉降、过滤、吸附、杀菌、蒸馏等操作方法在生活中的应用，学生有所了解，但是学生对于这些方法的原理和操作并不清楚。八年级的学生仅仅初步学习了化学，认识了基本仪器和基本操作，因此教师要联系生活实际提出问题，充分利用学生已掌握知识创设好教学情境，激发学生强烈的求知欲，并通过对生活中现象的处理和加工，揭示其中蕴含的科学道理，丰富学生的道德认识，提升学生的道德水平。

4. 教学目标

目标1 了解吸附、沉降、过滤和蒸馏这四种净化水的方法，并初步学会过滤的操作方法及注意事项。

目标2 通过对一杯浑浊的天然水进行净化的实验探究，认识净化水的各种方法与净化程度。

目标3 学习运用观察、对比、分析、归纳、总结等方法，对实验获得的信息进行加工。

目标4 通过水的净化的实验探究，引导学生遵守规则、尊重事实、不盲从，从而培养诚实学习、诚信做事的态度。

5. 教学评价

（1）达成的评价方案：通过对天然水成分的分析和净化天然水的探究活动，了解吸附、沉降、过滤和蒸馏等净化水的常用方法。

（2）达成的评价方案：通过动手实验，让学生了解实验是认识问题的实证方法，将行动内化于心灵。

（3）达成的评价方案：引导学生遵守规则、尊重事实、不盲从，培养学生诚实学习、诚信做事的态度。

6. 教学重点、难点

通过对天然水的人工净化，初步了解沉降、吸附、过滤和蒸馏四种净化水的方法。

7. 实验及教具准备

实验用品：铁架台（带铁圈）、烧杯、漏斗、玻璃棒、试管、胶头滴管、滤纸、注射器。

药品：活性炭、天然水。

8. 教学过程

过程一：导入新课

学生观看"比尔·盖茨体验粪便中提取饮用水"的视频，引入课题。

设计意图：设置悬念，激发学生的好奇心，引发学生对水的净化方法的思考。

过程二：创设情境

展示一杯浑浊的天然水，提出问题：它能否直接饮用？它的成分有哪些？本课我们来学习除去水中杂质的方法，使浑浊的水变为饮用水，甚至是蒸馏水。

过程三：探究新知

（1）沉降

① 静置沉降：学生观察，对比浑浊的水和静置一段时间后的水，得出结论：部分颗粒较大的不溶性杂质可以通过静置沉降的方法除去。

② 吸附沉降：学生观看视频，得出结论：部分悬浮杂质可以通过用明矾进行吸附沉降的方法除去。

过渡：沉降以后，固体和水是否完全分离了呢？怎样将它们分离呢？

（2）过滤

① 学生联想生活中能够分离固体和液体的物品，展示各种滤网，分析它们的共同点，引出化学实验室中用滤纸进行固液分离。

② 小组合作进行实验，制作过滤器。学生展示过滤器并叙述制作过程。

③ 小组讨论，制订过滤操作方案。

④ 教师展示错误的实验操作，学生对照自己的过滤方案，总结过滤操作中容易出现的问题。

⑤ 学生进行过滤实验，描述实验现象。

⑥ 教师总结：过滤实验必须遵守一贴二低三靠，否则得不到澄清的滤液。通过过滤实验，同学们可以获得什么启示？（比如实验中，遇到问题和困难时应该……学习生活中要……）

设计意图：引导学生回答相关问题，得出在学习中要遵守规则、尊重事实、不盲从的道理，对学生进行诚实学习教育。

过渡：此时过滤下来的水能不能饮用？为什么？用什么物质可以除去水中的色素和异味？

（3）吸附

① 展示生活中用活性炭除去冰箱、鞋柜、汽车、衣橱里异味的图片，体会活性炭的吸附作用。

② 学生实验：将针筒（装有活性炭）内的活塞轻轻拔出，倒入滤液，慢慢推入试管中，观察颜色的变化。

（4）灭菌

讲解在自来水厂，用二氧化氯或者氯气、漂白粉灭菌。

引导学生说出生活中怎样杀菌。

过渡：自来水澄清、透明、无色无味，这是我们喝的纯净水吗？

学生回答后，教师总结，对学生进行诚实做人、诚信做事的教育。

（5）蒸馏

通过生活中蒸馏的实例，说明前面的除杂方法是从水中除去杂质，接下来将打破思维定势，把水从混合物中提取出来。

引导学生分析蒸馏的原理，教师总结。

过程四：布置作业

化学的魅力不仅在于能够让人们认识和利用物质，更在于化学能够创造物质，更好为人类服务。教师展示贝尔在各种恶劣的环境下取得饮用水的视频。请大家上网搜索一些关于净化水的资料、视频，思考其中用到了今天学习的哪些净水方法。自制一款简易净水器，试验它的净水效果。

过程五：教师总结

以知识明线和诚德暗线进行归纳总结。

知识线：其实净水就是一个去污存清的过程，静置沉降，过滤分离，吸附浊色，灭菌去污，蒸发凝聚。

诚德线：我们的人生何尝不是一场净化？沉淀阅历，过滤浮华，收敛焦躁，以诚立身，泽己及人。"诚"便是人生的一味净化剂！

诚信无价，让我们与诚信结伴同行！

《淄川好》课间操

淄川区实验小学　王　静

1. 创编理念

《淄川好》课间操依据《义务教育小学体育课程标准》和《义务教育小学音乐课程标准》中的要求，结合小学生的生长发育规律，运用徒手操的形式编排基本动作，达到锻炼身体各部位的目的。配乐采用歌曲《淄川好》，将"德融数理"的育人理念融入其中。引导语采用三字词语，朗朗上口，易学好记，让学生在庄严的仪式中感悟孝诚爱的真谛，承诺在生活中践行，以提高学生的道德情操。预备部分与中国传统文化诵读相结合，采用诵读歌词的形式，既活跃了气氛，又增强了气势，让学生在运动中更深刻地理解"孝诚爱"的含义，培养学生对家乡的热爱之情。

2. 运动目标

目标 1　通过对健身操基本动作的学习，培养学生对运动的兴趣和爱好，形成坚持锻炼的健康生活习惯。

目标 2　在运动中学习人际交往的能力，提高对个人健康和群体健康的责任感，培养团队合作的精神。

目标 3　通过对音乐的理解，培养学生孝诚爱的道德品质以及对家乡的热爱之情。

3. 配曲

歌曲《淄川好》。

4. 适用人群

全体小学生。

5. 健身操环节

第一部分：引导语

我要做有孝心的人，尊父母，敬师长，学礼仪，懂谦让；

我要做有诚信的人，守法纪，讲诚信，重承诺，敢担当；

我要做有爱心的人，惜弱小，亲自然，爱祖国，乐奉献；

我承诺，我践行！

第二部分：预备姿势

诵读《淄川好》歌词第一节。

第三部分：动作部分

第一节：伸展运动。

第二节：体转运动。

第三节：扩胸运动。

第四节：头部运动。

第五节：体侧运动。

第六节：全身运动。

第七节：整理运动。

淄 川 好

1=♭B　4/4　d=72

林建宁　词
戚建波　曲

5 3　5　　6 6 5 ｜ 6 i　i 6　5　- ｜ 6 i　i　6 5 3 ｜
淄 水　旁　孝 河 边　古 邑　越 千　年　　春 风　绿　秋 实 甜

5 1　2 3 2　- ｜ 5 3　5 6 6　5 ｜ 6 i　2　i 6　- ｜
秀 美　好 淄 川　　地 之　上 人 世　间　百 善　孝　为 先

i 2　i 6 5　3 ｜ 5 2　3 2　1　- :‖ i 2　3　2 i 2 ｜
诚 为　本 爱 相　伴　春 雨　洒 人　间　　守 善　念　心 地 宽

i i　6 3 2　- ｜ i 2　3 2　i　6 ｜ 6 3　7　6 5　- ｜
家 和　子 孙 贤　　人 心　正 天　遂　愿　美 德　代　代 传

i 2　3 2 i　2 ｜ i i　6 3　2　- ｜ i 2　3　2 i 6 ｜
守 善　念 心 地　宽　家 和　子 孙　贤　　人 心 正　天 遂 愿

```
    ┌1――――――――――┐      ┌2――――――――――┐  ┌3――――――――――――┐
5 6　2 2 i　- :‖ 5 6　2 2 i　- :‖ 5 6　2 2　i　- ｜
美 德　代 代 传　　美 德　代 代 传　　美 德　代 代　传
```
D.C

```
┌尾――――┐
2　-  ｜ 3　-　-　-⌄｜ i　-　-　- ｜ ⌢i　　0　　‖
代　　代　　　　传
```

117

二、代表发言

"德融数理　知行合一"让物理教学更有温度

淄川二中教师　袁延昭

"师者，所以传道受业解惑也。""立德树人"是教育的根本任务，教师既要教好书，更要育好人。那么，如何在完成物理知识教学的同时，有目的地进行德育渗透呢？我一直在探究两者有机融合的好方法。2014年，我接触了《文明基因·孝诚爱》读本，"德融数理·知行合一"的德育新模式及全新的德育理念使我倍受启发。在新理念的引领下，我将生活情境融入教学，将德育融入物理课堂各环节，以题载道，以德化人，取得了很好的效果。

将课堂导入场景化，激发学生兴趣，唤醒道德追求。例如在学习浮力时，我以"阿基米德为国王检验王冠是否为纯金"的故事作为导入，引起学生的求知欲，并进行诚信教育。学习动能时，我以新闻稿《车上飞出馒头，一人"中弹"昏倒》作为导入，组织学生对车窗抛物的危害和原因展开讨论，引出动能知识的同时贯穿了文明与安全教育。这样的场景导入，既能引起学生浓厚的兴趣，又引发道德思考，课堂教学变得鲜活起来。

使物理问题生活化，融德于题。在讲授运动的快慢时，将母亲接送学生的数据改编为本节课的检测题。当学生根据速度和时间计算出母亲从上学至今接送孩子的路程为近10000千米时，课堂上出现了惊叹声。我继续进行追问：我们应该为父母做些什么呢？同学们陷入了思考，对孝的体会又深入了一层。在学习电功率的课堂上，学生通过调查家中电器的待机功率和时间来计算消耗的电能，结合大数据得出全国每年为此浪费近300亿度电。学生被深深震撼了，兴趣小组的同学当晚就撰写了现象分析报告，并向全校发出了节约电能的倡议书。学生熟悉的生活问题变成了课堂上的例题，物理计算引发了生动的德育认知，教学过程变得更准确、更深刻了。

将德育融入课后作业，进行知识与道德双实践，达到知行合一的目的。 如学习功的内容时，我布置的课后作业是这样的：在你的身上绑上 5 千克沙袋，上 9 米高的楼，对沙袋做多少功？调查妈妈分娩前体重增加了多少，上同样高的楼，额外做的功是多少？进行实践、计算、对比，写出解题过程和你的感受。这样的实践作业让学生对于母亲的辛苦有了更切身、直观的体验，使知识巩固和德育效果更持久、更全面了。

几年的思考和实践，让我多次在各类讲课和德育活动中获奖，受益匪浅。我对德育与学科教学融合的认识越来越清晰了：让物理知识回归学生熟悉的生活，学生在学习和解题过程中对道德有了科学的判断。新理念切实提高了课堂的温度。

学生的变化更让人欣喜。一名学生在日志中写道："新的教学模式让我认识到物理课原来可以如此有感情，我喜欢这样的物理课。"在全区初中学生学习兴趣指数评价测试中，我班名列前茅；学生成绩大幅提升，合格率、优秀率分别提高了近 15、10 个百分点；班风越来越好，同学之间团结互助、文明有礼，班级连续被评为优秀班集体；学生的思维方式悄然改变，他们开始自觉在每一个物理知识点融入德育元素。我更加深刻地感受到了德育对学生学习和成长的重要性。

"问渠那得清如许，为有源头活水来。"我庆幸自己找到了物理教学与德育相辅相成相融相促的好方法。"德融数理·知行合一"德育新模式为物理课堂打开了一扇教书育人的创新之门，使物理教学变得更厚重、更温暖。

（摘自山东省社会主义核心价值观进校园推进会发言）

我快乐　我成长

淄川实验小学学生　吴姿王晗

　　刚上一年级的时候，我对学校的一切都很好奇，心思总不放在学习上：上课精力不集中，做事拖拖拉拉，不敢与老师交流，遇到事情闭口不说话。那段时间，爸爸直皱眉，妈妈总叹气，有一次，妈妈着急得落下了眼泪。

　　二年级的时候，上品德课，老师带领我们走进校园去探索大自然的秘密。在老师的引导下，我们知道了水是生命之源，一个没关紧的水龙头，一个月大约要浪费130升水，可以供65个人喝一天。一个小小的塑料袋需要一百年才能降解。我们还知道了一棵树就是一把伞，能遮阴和截留雨水；一棵树就是一台吸毒器，能吸收10多种有毒气体。走出教室，还能学到这么多知识，我立刻对学习产生了兴趣。尤其是老师和我们一起计算出的数据，给我留下了深刻印象，我意识到生活中一定要注意节约资源，注意保护环境。现在，我们学校旁边正在建一个万亩森林公园，等建成后我们就会生活在一个大氧吧里，呼吸到更加新鲜的空气。

　　现在的数学课也很有趣，老师经常领着我们去调查、发现身边的数学知识。比如学习《统计》这课的时候，老师让我们调查家中一年的总收入、学习费用和生活支出、家庭其他支出，并填好调查表。第二天上课，老师讲解了统计表知识后，就让我们根据自己的调查数据，制作统计图。接下来老师让我们用心观察自己统计图上的数字，再说说感想。我们进行观察、分析、小组讨论，这时候我才发现，在我们家，用在我身上的钱是最多的。随后好多同学都有相同的发现，大家议论了起来。原来，在我们班大部分家庭中，每年用在孩子生活和学习上的钱是最多的。这节课后，我思考了很多。在家里，爸爸负责我的学习，妈妈负责我的生活起居，他们还要辛辛苦苦上班挣钱。妈妈一直身体不好，从我记事起，就看到她每天都要吃很多药。记得有一次，我听到妈妈跟爸爸小声商量，有一种药要几千块钱，太贵，是不是先停一段时间。可是回想一下，我很多学习和生活上的请求，爸妈从没有拒绝过。想到这里，我暗暗对自己说，今后一定要做一个懂事的孩子，要做一个让爸爸妈妈骄傲的孩子。一节特殊的数学课，让我深深了解了爸妈的艰辛，知道了要感恩父母，要用自己的实际行动来回报父母。

我更喜欢学校的课外活动，如开学典礼、各种节日活动，还有我们的社团活动、科技节、读书节等等。前段时间，我们班开展了"两本换百本"图书交流活动，每个同学买两本书，和同学交换，这样我们可以读到一百多本书。刚开始，有的同学不能坚持每天读书，老师就和全班同学一起做游戏：一本100页的书，我们从每天共读2页开始，坚持10天；再每天共读5页，坚持10天；最后每天共读10页，坚持3天。这样，一本书23天就读完了，我们用23天爱上了读书。现在我们班又在开展"小手拉大手共读书"活动，我特别享受和爸爸妈妈一起读书的美好时光。

这样的学习，让我们学得更快乐；这样的课堂，让我们懂得了孝顺、诚信和爱的意义；这样的校园，我们越来越喜爱。

谢谢我的老师，谢谢我的爸爸妈妈！

（摘自山东省社会主义核心价值观进校园推进会发言）

巧思育德　润物无声

淄川实验小学学生家长　周　琳

"德融数理·知行合一"这种巧思育德的新理念、新模式，给我的女儿、

121

我的家庭带来了一些细微的变化和内心的喜悦。

女儿学会守时了

以前，我的女儿是个"起床困难户"，穿衣服、洗漱、吃饭总是磨磨蹭蹭。我们曾经尝试用各种方法来改变她，但都收效甚微。

一天，女儿放学后问我："妈妈，我早上几点起床啊？"我不假思索地说："7 点 10 分啊。"她说："今天我们学习认识钟表了，老师问我们早上几点起床，很多小朋友们都是 7 点起床，我比他们晚 10 分钟啊。老师说 1 分钟可以做不少事情，10 分钟一定能做更多的事情吧。如果 10 分钟可以穿好衣服、刷牙洗脸，就能提前 10 分钟吃饭，妈妈送我上学也不用那么急了。"我听了一阵小窃喜，就顺着她的话说："那我明天早上 7 点叫你起床，试试 10 分钟你能不能穿好衣服洗漱完毕。"她答应了，但我心里还是在打鼓，怕她做不到。结果第二天早上不到 7 点她就醒了。我帮她计时，她果然在 10 分钟内顺利地穿好衣服、洗漱完毕。那天送她上学，没有匆忙赶时间，在学校门口她高兴地和我说再见。从那以后，我们家的早晨一直处于从容有序的状态。就这样，孩子慢慢建立起了时间概念，磨蹭的不良习惯也渐渐改掉了，守时、守约、守信在她的生活中越来越明显。

女儿学会感恩了

现在的孩子大多娇生惯养，家长含在嘴里怕化了，捧在手里怕掉了。吃饭要给盛好端到嘴边，穿衣、换衣也靠家长帮助提醒，上学路上家长替孩子背着书包、拿着水杯，等等。这些本该孩子自己做的事情，都是家长代劳了。我的女儿也不例外。时间长了，女儿对我做的这些事熟视无睹，甚至认为是家长应该做的。

一天，接女儿放学回家的路上，她问我："妈妈，我在你肚子里的时候，有几斤呀？你每天是不是像抱着一桶水？妈妈，你一共喂了我多少奶水呀？"我当时没在意，就随口告诉她："你在我肚子里的时候，我可累了，确实像天天抱着一只装满水的桶，坐着的时候憋得慌，站着的时候腰也疼，脚后跟也疼，可受罪了。你吃了多少乳汁，我没算过，反正不少。""我知道，你喂了我292千克乳汁。""你咋知道的？""上课的时候老师说的呗！"说这些的时候，我看到孩子眼睛里闪烁着感动的光。后来，类似的事情经常发生。家长会上，李老师向我们介绍学校教育教学情况时，我才明白了其中的奥秘。原来学校在试验一种德育新模式——"德融数理·知行合一"。从那以后，我更留意孩子的言行了。春节期间，我搬盆花，她会说"妈妈你小心点"；我洗衣服，她会说"妈妈我帮你"。仔细一想，这孩子一定还想着我怀她的时候的艰辛啊。最可喜的变化是，孩子每天都自己穿衣服，自己背书包，自己盛饭……

孩子有一个小本子，上面记着全家人的生日，每到这一天都会为我们送上亲手做的生日礼物和贴心的祝福。

我们和女儿一起成长

说实话，孩子的进步在某些方面也改变着我和他爸爸。

以前我们带她出去游玩，她虽然不乱丢垃圾，但是经常把垃圾袋、果皮等扔到清洁车前，清洁工人再清扫到垃圾桶内。

这次五一假期外出游玩的时候，女儿一个小小的举动让我感到很欣慰。她拿着吃完食物的包装袋走到清洁工人的跟前，放到清洁车内。一个是垃圾扔到车前，一个是人走到车前，这个细微的变化对我和她爸触动很大，我们感悟很深。回到家，我们就问她，这一次怎么和以前做法不一样了？她给我们算了一笔账："收拾一个垃圾，清洁工人就要弯腰一次，这个景区这么多人，如果每人丢一个垃圾，清洁工人得弯多少次腰啊！"听到7岁的女儿这样说，我不禁为自己生活中一些不经意的做法感到脸红。

现在的女儿，上学路上会提醒我们遵守交通规则；植树节喊着全家去植树，还给我们讲了一大堆植树的好处；有时候和邻居小朋友玩耍，她当小老师，给他们讲该做什么，不该做什么，讲得有理有据，可动情了……

"德融数理·知行合一"德育模式，让女儿成长得更快乐，也潜移默化地影响着我。在教育女儿的过程中，我们家长没有了以前的训斥、指责，而是站在女儿的角度，用生活中的数据、实例来沟通，女儿接受起来更容易了，我也成了让女儿佩服的好妈妈。

我们一家在"德融数理·知行合一"的理念中，践行着，收获着，期待与更多的家庭一路同行，一路阳光！

（摘自山东省社会主义核心价值观进校园推进会发言）

践行"德融数理"教育理念　提升德育工作水平

淄川区教育体育局局长　牛少健

1. 我区推进德育工作的探索与实践

育人为本，德育为先。教育的根本任务是立德树人。"育人先立德，立德爱为魂"，爱是教育的源泉，有爱的德育才会温暖，才更容易激发情感共鸣。近年来，我们全区以开展"四德工程""三风建设"为契机，将"孝诚爱"作为德育切入点，扎实推进社会主义核心价值观进校园，着力提升学生思想认识水平和道德践行能力。

爱是人类最朴素的情感，也是构建良好人际关系的基础。我们秉承绿色教育理念，从培养学生爱心做起，引导学生孝敬父母，同学之间团结友善，教师关心热爱学生，通过开展爱德教育，营造和谐的师生关系、生生关系、家校环境，促进了良好教育生态的形成。孝敬父母当有仁爱之心，关心他人才会以诚待人，正是基于"孝诚爱"之间的关系，我们在引导学生尊敬师长、热爱父母的基础上，教育学生诚实守信、遵规守纪、言行一致、表里如一。在培养"孝诚爱"这些朴素情感的同时，我们将爱校、爱家、爱国有机结合，弘扬传统文化，培养爱国情怀，引导学生胸怀祖国、勇于担当，以实际行动践行社会主义核心价值观。

2014 年，林建宁编写的《文明基因·孝诚爱》教育读本，为我区德育工作注入了全新的教育理念。特别是"德融数理·知行合一"德育模式，将德育融入学科教学，将情境、知识、实践教育有机融合；以数理为载体，运用大数据的思维方式，让学生充分感知、主动体验、自觉践行，真正实现了知行合一，从根本上解决了德育与学科教学、社会实践渗透融合的瓶颈难题，为德育工作落地落实开辟了新路径，受到了广大师生及学生家长的好评。

2. 我区推行"德融数理"德育模式的主要做法

自探索实施"德融数理·知行合一"德育模式以来，我们坚持"试点先行、课题带动、评价引领、区域推进"的工作思路，将《文明基因·孝诚爱》纳入校本课程，作为学科德育渗透的基础教材。一是强化"融"字，做好结合文章。坚持"双线并行"的教学思路，在梳理学科知识点的同时，深入挖掘道德教育的落脚点，找准渗透融合的切入点，实现德育点与知识点有机融合，以刚性要求确保德育目标落到实处。二是阐释"理"字，激发情感共鸣。充分发挥思想品德课主渠道作用，将"孝诚爱"作为核心内容，创设生活场景，通过数据呈现、搜集和计算，贴近学生生活，触及学生心灵，激发学生情感共鸣；构建开放班会模式，坚持问题导向，有针对性地对学生进行思想教育。通过扩大学生参与度，强化学生自我管理，促进师生情感交流，让班级更加温馨和谐。三是落实"做"字，提升践行能力。坚持"知行合一"德育理念，将德育与养成教育、实践教育相结合，让学生在丰富多彩的实践活动中体验感悟，提升道德认知水平，提高自觉践行能力，让社会主义核心价值观落细落小落实，成为学生主观自觉。四是突出"导"字，实施评价引领。建立学科知识德育清单，将德育渗透作为关键环节，纳入教学评估指标，将行为习惯纳入学生综合素质测评，充分发挥评价杠杆的导向作用，提升课堂实施水平；用习惯养成固化道德行为，促进学生全面发展。

3. 几点体会和感受

人无德不立，国无德不兴。学校德育工作事关学生的健康成长、家庭的幸福、祖国的未来。一是要"爱"字当头，强化责任担当。教育是生命对生命的呼唤、心灵与心灵的接触。关注学生精神的成长、心灵的升华，培养学生善良的本性、健全的人格，这是德育工作核心，也是教育工作者应有的责任担当。二是要回归教育本真，坚持育人为本。思想认识的提升、行为习惯的养成是一个长期的过程，要遵循学生认知规律，因材施教、循序渐进、坚持不懈、持之以恒，耐心细致地做好学生思想教育工作，不能急功近利、急于求成。三是要整合家校资源，形成育人合力。家长是孩子的第一任老师，家庭教育是学校教育的延伸，必须牢固树立"共建共育"的教育理念，加强交流，密切配合，同步同向、同频共振，形成教育合力。

各位领导、各位专家、各位同仁，我区"德融数理·知行合一"德育模式还处在探索起步阶段，需要不断地改进、完善、提高。我们将以本次会议为新起点，立足区域实际，遵循教育规律，坚持育人为本，强化课题引领，持之以恒地加以推进，为全省学校德育工作做出应有贡献。

（摘自山东省社会主义核心价值观进校园推进会发言）

孝诚爱文明基因助推淄川科学发展

中共淄川区委常委、宣传部部长　白向坊

　　淄川自秦代建县，历为路、州、县治所，总面积960平方公里，总人口73万，是世界短篇小说之王蒲松龄先生的故乡。淄川素以厚德著称，从东汉大儒郑康成注《孝经》，到北宋孝子王樵千里寻亲；从明朝刑部左侍郎高珩《劝善》播仁，到清代翰林院检讨唐梦赉尽忠王事；从明末清初神医翟良悬壶济世，到清代蒲松龄刺贪刺虐，2000多年来，淄川这方热土孕育了一代又一代自强不息、厚德载物的优秀儿女。如今，作为因煤而兴、因瓷而发的工业城市，淄川处在动能转换、转型升级的重要关头。为此，我们坚持以德为魂，把道德建设贯穿于社会发展各领域，凝聚推进深化改革的强大精神力量。我们将2012—2014年作为公民道德建设推进年，在全区实施以"孝诚爱仁"为主要内容的"四德"工程，签订责任状70万份，分层次分类别表彰各类道德典型8万余名，建立善行义举四德榜1100余个，经验做法在全国推广。自2015年开始，淄川进一步深化"四德"工程，倡树家风建设，以家风促村风行风，编印《大道至简》等中华传世经典选粹丛书1.5万册，开办"聊斋大讲堂""百师大讲堂"等10余个传统文化讲堂，举办专题讲座50余场次，受众达50余万人次。淄川以乡情为纽带，继承弘扬有益于当代的新乡贤文化，推举乡贤理事3000余名，发挥新乡贤在道德教化、定纷止争等方面的作用，以乡贤的嘉言懿行涵育文明乡风。

　　在公民思想道德建设的过程中，我们高度重视、积极运用"德融数理·知行合一"德育新模式，在试点先行的基础上，在全区教育系统全面推广，帮助学生扣好人生第一粒扣子。把"德融数理·知行合一"教育理念贯穿于"四德"工程、"三风"建设和群众生产生活中，通过具体的事例、数字向群众阐述道德原理，使道德教育变得具体、生动、形象，提高了公民道德教育效果，落小落细落实了社会主义核心价值观，孝诚爱文明基因有力地推动了经济社会健康发展。

1. 德融家庭，量化养老金和上榜率，培育孝老敬老自觉

"一家仁，一国兴仁；一家让，一国兴让。"在家庭美德建设中，我们以"孝"为核心，激发、弘扬人的善良本性。前几年，我们在调查中发现，农村不孝敬不赡养老人的现象时有发生，有的"媳妇娶进房，父母撂过墙"，有的长期在外打工挣钱，很少照顾老人生活。群众的收入大幅度提高了，给父母的养老金却没有提高，许多老年人生活艰难。在充分调研、商议之后，我们制定了《淄川区老年人家庭赡养责任指导意见》，明确了不同家庭的赡养标准，如科级以上干部每年2000元以上，其他干部1600元以上；企业职工根据收入情况，分1500元、1200元、800元三类；农民800元，给父母粮100斤、油20斤等，形成了一致认同的道德规范和文明约定。建立赡养老人孝德榜640多个，互相监督、互相促进。将德治与法治相结合，区人大常委会讨论通过了《淄川市民"四德"公约》，明文规定子女要提高父母赡养标准、解决医疗费用、改善居住条件、定期回家看望父母等。在重阳节、春节等时间节点，连年开展"好媳妇""好婆婆"等评选活动，采取敲锣打鼓送牌匾、戴红花等形式进行表彰，树立了孝老敬老的社会导向。在教育系统，运用大数据的思维方法，以德为魂，以数理为体，积极探索"德融数理·知行合一"德育新模式。将情境教育、知识教育和实践教育有机融合，全区涌现出好教师830名、好学生392名、美德教师1704名、美德少年1274名。努力做到每一堂课不仅传授知识，而且传播美德；每一次活动不仅健康身心，而且陶冶性情。如今，全区上下养老敬老蔚然成风，与2014年相比，养老金提高了32.8%，家庭矛盾发生率同比下降了17.4%，孝老敬老成为公众自觉。

2. 德融经济，讲好诚者易成故事，助推经济健康发展

"诚者，天之道也；诚之者，人之道也。"我们坚持把"诚德"融入经济建设中，引导公众忠诚事业、诚实劳动、诚信待人，引导企业诚信经营、信守合同、照章纳税、守法经营，以诚信提升经济发展的核心竞争力。山东新星集团始终坚持诚信经营，不卖假货、不坑顾客，由创业之初的 7 人逐步发展成为全国商业百强企业。鲁泰集团心存诚信，以可靠的产品、实干的精神和扎实的管理，把当地小厂做到行业世界第一。集团原董事长刘石祯先生，连续 11 年个人每年捐资 100 万元，用于改善全区百岁老人的晚年生活。金城公司始终秉承着诚信创业、以诚待人、守法经营的优良传统，坚持以诚信为主建设企业文化手册，创下了重承诺、守信誉、厚道做人、诚信做事的良好口碑，被评为"全国守合同重信用企业""全国优秀施工企业"。广泛宣传依靠诚信成长起来的企业事迹，把诚者易成的道理讲深讲透，帮助企业逐步树立起"诚信是最好的品牌、最宝贵的资本"的意识。建设市场主体信用信息公示平台系统，将全区 10200 余家市场主体纳入诚信监管体系，发展国家、省、市级"守合同重信用企业"127 家，省、市级"消费者满意单位"46 家，建材城市场被评为国家级"文明诚信市场"，2 处市场被评为省级"文明诚信市场"。为了治理"老赖"，化解"执行难"问题，在区媒体上发布失信人员曝光公告 76 期，通报失信人员 2670 人，在全社会形成了诚信光荣、失信可耻的良好氛围。坚持"绿水青山就是金山银山"的绿色发展理念，累计投入 40 余亿元全面打响生态环保攻坚战，先后取缔"散乱污"企业 550 余家，关停矿山 47 处，2014—2016 年共净削减工业企业二氧化硫排放 3679 吨，空气质量良好天数由 2014 年的 88 天上升到 2016 年的 171 天，蓝天白云、绿水青山成为常态。在"德融数理·知行合一"德育新模式的引领带动下，全社会信用意识显著增强，经济发展环境日益优化，华东地区首家大陆和台湾现代服务业合作平台落户淄川，长城影视投资 30 亿在淄川建设齐长城文化旅游创意园，先后引进中船重工、北汽、海尔

集团等过亿元项目170个,完成工业技改投资794.5亿元,动能转换、转型升级迈出新步伐,经济呈现健康快速发展态势。2016年,实现地区生产总值618亿元、一般公共预算收入30.7亿元,与2014年相比分别增长8.6%、18%。在2016年全市科学发展点评中,淄川连续两次获得区县第一。

3. 德融社会,数据明理示大爱,打造文明宜居环境

"大道之行也,天下为公,选贤与能,讲信修睦。""爱"是人的幸福源泉,我们把"爱德"融入社会,以"爱"为核心,引导公众关爱他人、爱护环境、奉献社会。坚持把增进群众福祉放在首位,连续实施"为民办实事"工程,近五年各级财政用于民生建设的支出累计达128.6亿元,占财政总支出的78%。在前几年的卫生城市评审中我们发现,城区环境面貌得到明显改善,而农村环境却没有大的改观,群众反映十分强烈。由此,我们投入3500余万元,配备垃圾桶20000余个,配备垃圾收集、道路保洁车140余辆,配备专业保洁员2600人,配齐配全了垃圾收集清运设施和保洁人员。每年投入4800万元,建立覆盖全区的城乡环卫一体化市场化运作新模式。与2014年相比,日处理垃圾量由120吨提高到550吨,生活垃圾无害化处理率由63%提高到100%,城乡环卫一体化在全省的位次由几年前的72位跃升至全省第一。针对婚丧嫁娶大操大办的陋习,全区建立红白理事会470个,制定婚丧事简办指导标准,纳入村规民约并严格执行。目前,红事提倡村民随礼不坐席,随礼不超过100元或随等价礼品,费用由五六万元降低到一两万元;白事要求2天内必须发丧完毕,帮忙人员一律吃大锅菜,不能饮酒,标准不超过每人10元,费用由原先的两三万元降低到三四千元。截至2016年底,群众对移风易俗满意度达到91%,喜事新办、丧事简办比率分别达到85%和96%。为了满足群众日益增长的精神文化需求,我们利用大数据平台,实施"文化云"惠民工程,采取群众"点单"、政府"买单"的方式,在全区设立121个培训点,招募志愿服务者136人,开展

书画摄影、声乐、舞蹈、体育等 9 大门类的文体培训，每年培训 12000 多课时，培训群众 5 万人次。全区上下从对家庭的"小爱"开始，延伸到对事业的"热爱"，逐步升华为对淄川和祖国的"大爱"，社会风气明显好转，城乡环境明显改善。与 2014 年相比，全区刑事案件发案率同比下降 8.2%，就业率同比提高 6.4%，社会信访总量同比下降 12.2%，公众获得感和幸福感不断提升。淄川区先后荣获"全国科技进步先进区""全省县域科学发展先进区""省级文明区"等荣誉称号。

"大道行思，取则行远。"我们将以此次会议为契机，深化"德融数理·知行合一"教育模式，以学校教育为重点，进一步向公民道德教育和经济社会方方面面拓展延伸，把培育和践行社会主义核心价值观转化为具体化、现实化、生活化的具体工作，把社会主义核心价值观进一步落细落小落实，让道德真正成为学生之魂、学校之魂和社会之魂。我们坚信，德融数理的道路会越走越宽广，因为它开辟了教与学、知与行的新时代！

（摘自山东省社会主义核心价值观进校园推进会发言）

第五章

<

『德融数理·知行合一』

德育模式与《文明基因·孝诚爱》

　　《文明基因·孝诚爱》系列丛书，是根据"德融数理·知行合一"的理念、逻辑和模式，以"家庭美德·孝德""学业道德·诚德""社会公德·爱德"为主要内容创编的。该系列丛书是"德融数理·知行合一"理念、逻辑、内容和模式的具体载体。

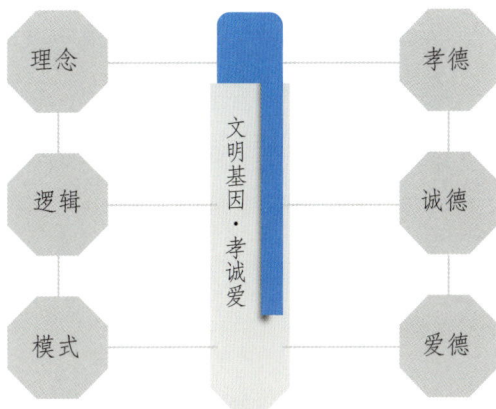

图5-1　德融数理与《文明基因·孝诚爱》关系图

一、《文明基因·孝诚爱》丛书介绍

1. 体例

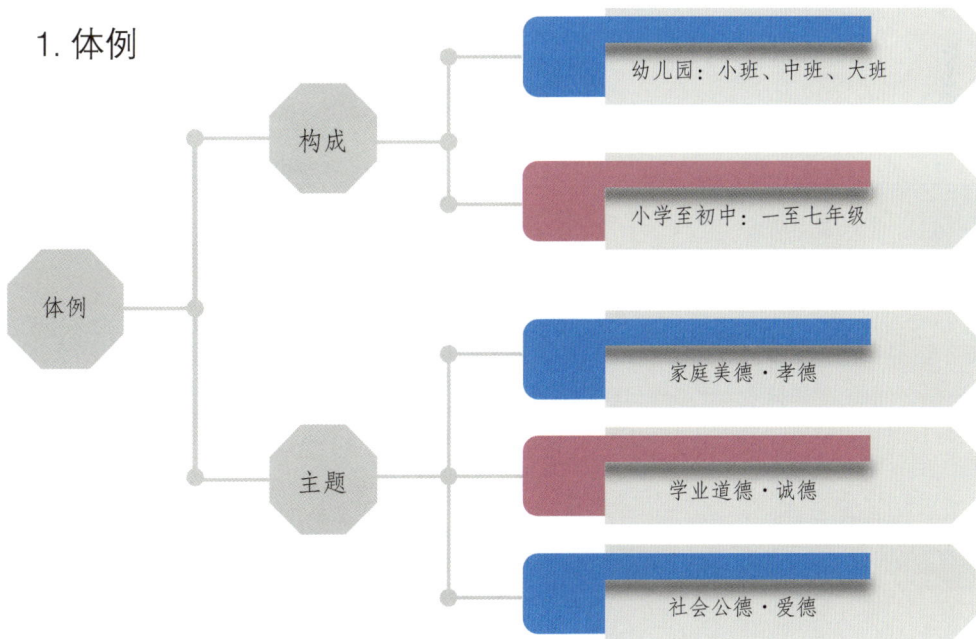

图5-2　《文明基因·孝诚爱》丛书体例

2. 编排逻辑

（1）脉络梯度

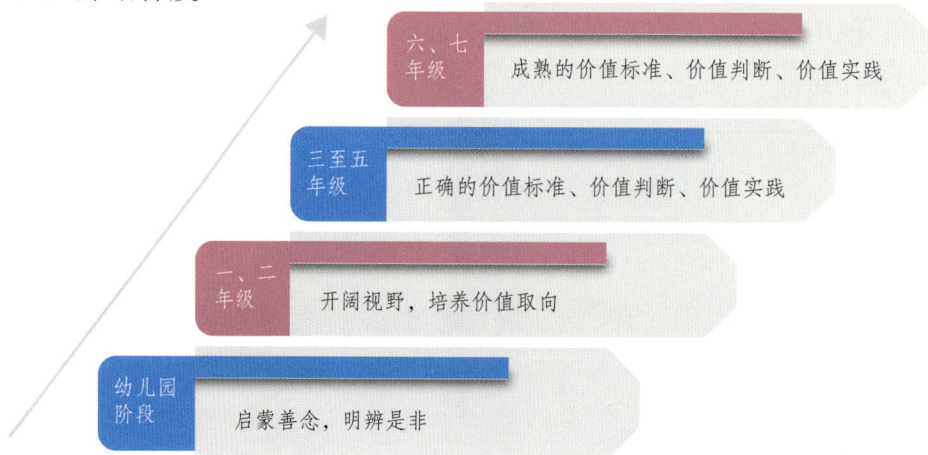

图5-3　《文明基因·孝诚爱》丛书脉络梯度

（2）内容呈现

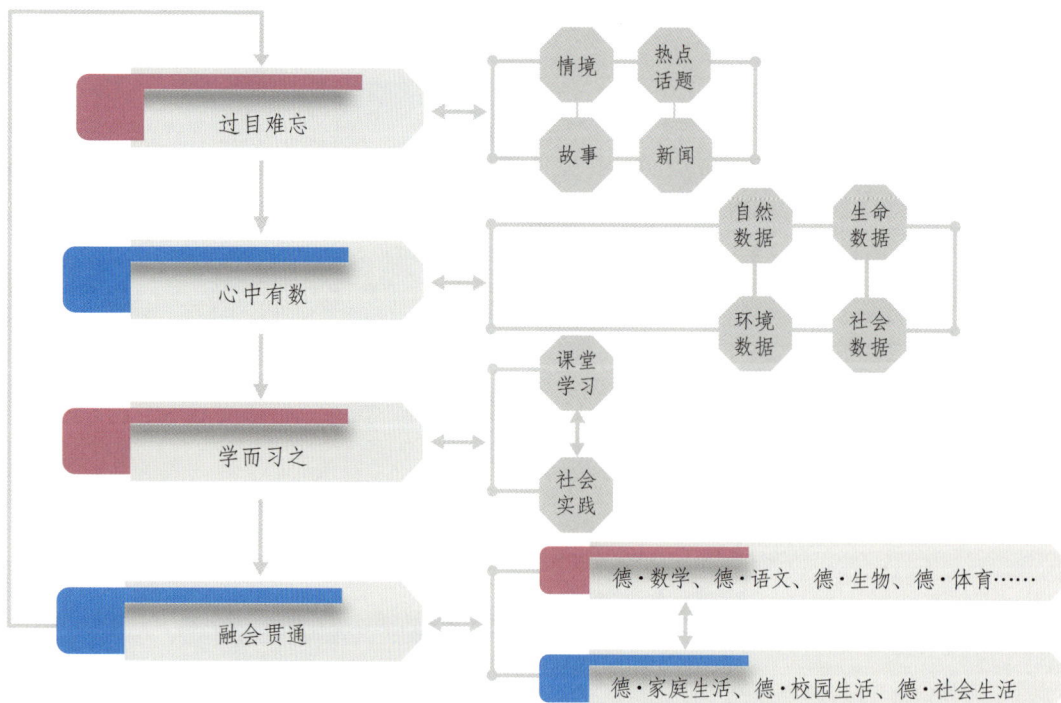

图5-4　《文明基因·孝诚爱》丛书内容呈现形式

3. 内容结构

（1）丛书各年级内容编排结构

年级 \ 内容		序言	故事	学而习之	板块			
					过目难忘	心中有数	学而习之	融会贯通
幼儿园	小班	−	√	√	−	−	−	−
	中班	−	√	√	−	−	−	−
	大班	−	√	√	−	−	−	−
小学	一年级	√	√	√	−	−	−	−
	二年级	√	√	√	−	−	−	−
	三年级	√	−	−	√	√	√	√
	四年级	√	−	−	√	√	√	√
	五年级	√	−	−	√	√	√	√
初中	六年级	√	−	−	√	√	√	√
	七年级	√	−	−	√	√	√	√

表5-1　《文明基因·孝诚爱》丛书各年级内容编排明细表

（2）幼儿园阶段的内容结构

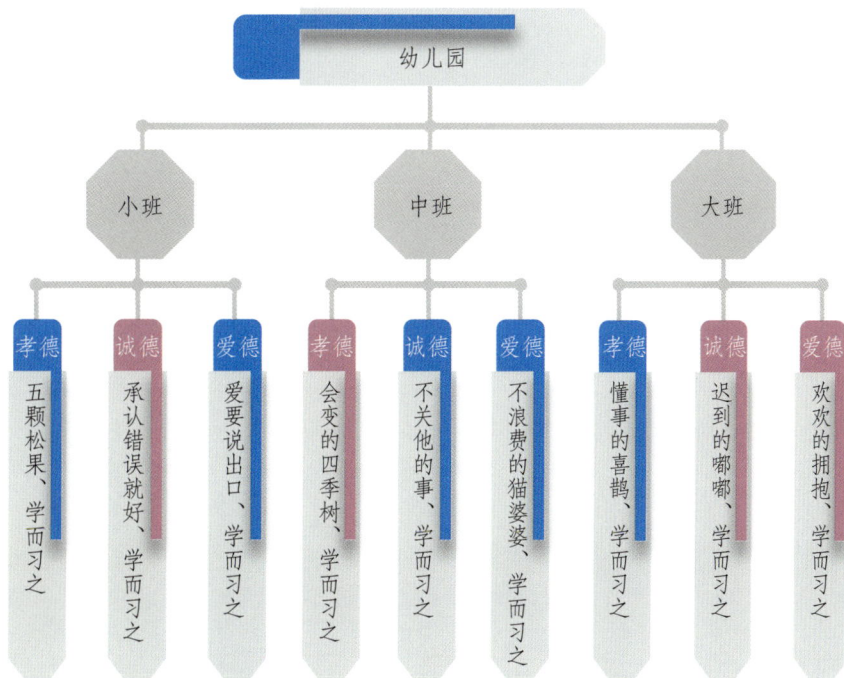

图5-5　幼儿园教材内容结构图

（3）一、二年级的内容结构

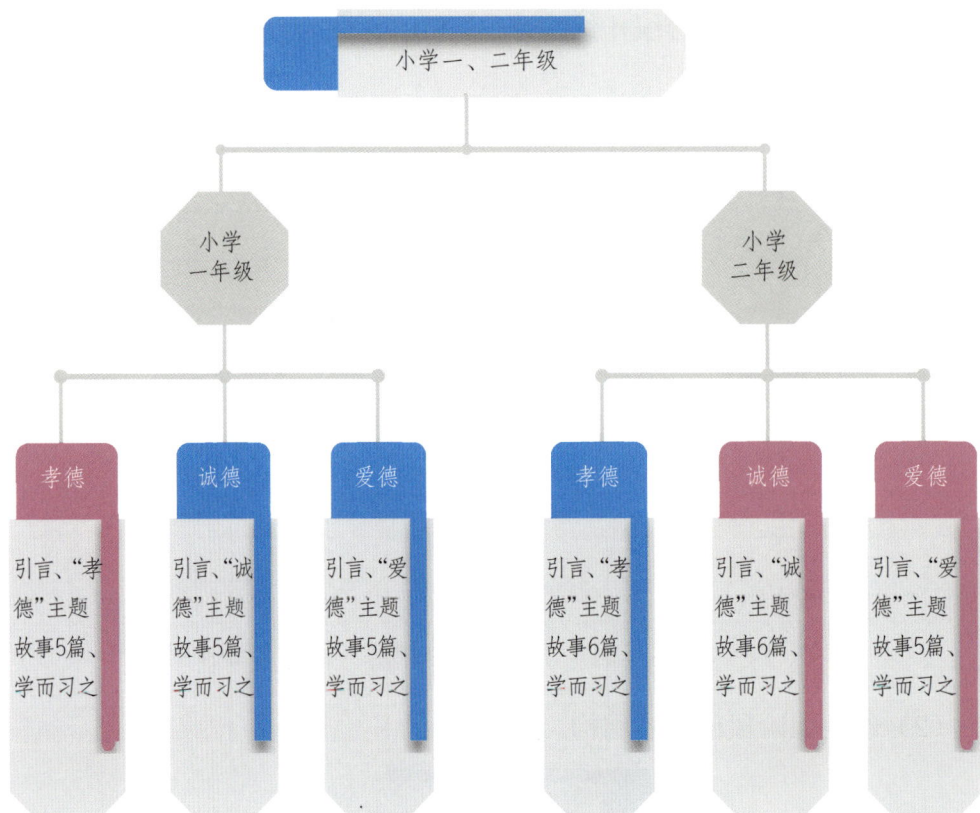

图5-6　一、二年级的内容结构

（4）三至七年级的内容结构

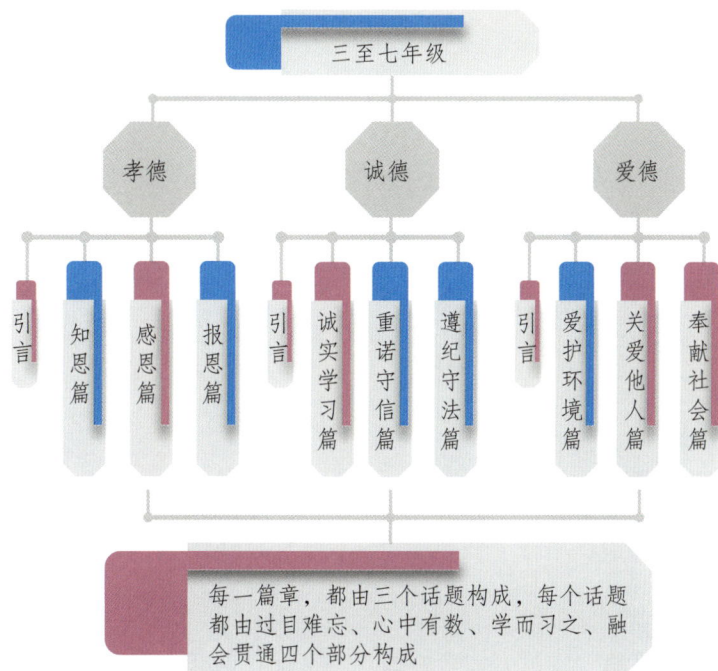

图5-7 三至七年级的内容结构

（5）丛书内容构成

内容 学段	引言	故事	过目难忘	心中有数	学而习之	融会贯通
幼儿园	—	9个	—	—	数学、生物等27问，做一做1题	—
一、二年级	《弟子规》等6篇	33个	—	—	数学、综合等23问，说一说、做一做1题	—
三至七年级	《孟子》等15篇	—	故事66个、情境26个、热点话题25个、新闻报道18篇	自然数据299个、生命数据96个、环境数据66个、社会数据451个	数学、综合、品德等368问，说一说、做一做40题	故事77个、文学作品17篇、社会调查17篇、百科知识24篇
总计	21篇	42个	故事66个、情境26个、热点话题25个、新闻报道18篇	自然数据299个、生命数据96个、环境数据66个、社会数据451个	数学、综合、品德、生物、劳动等418问，说一说、做一做42题	故事77个、文学作品17篇、社会调查17篇、百科知识24篇

表5-2 丛书内容构成明细

二、《文明基因·孝诚爱》丛书教学策略

图5-8　《文明基因·孝诚爱》丛书
教学策略一

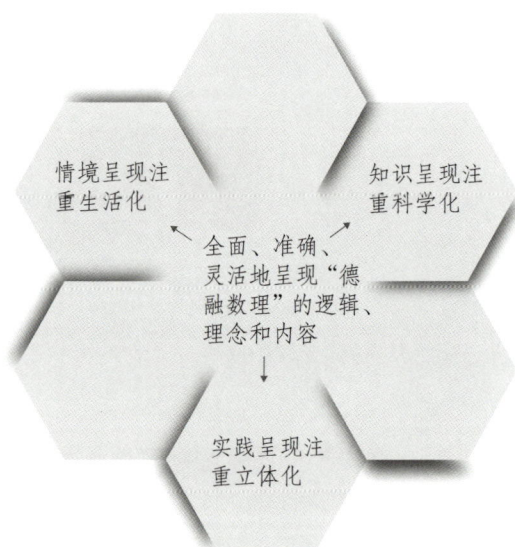

图5-9　《文明基因·孝诚爱》丛书
教学策略二

图5-10　《文明基因·孝诚爱》丛书
教学策略三

第六章 >>

『德融数理・知行合一』德育模式的反响

一、专家评介

"德融数理"促成了德育理性回归

《光明日报》教育部主任 田延辉

习近平总书记讲：国无德不兴，人无德不立。在这样一个我们的国家正在走向世界舞台的中央、我们的民族正在复兴的当口儿，道德教育尤其重要。新一代中央领导集体一直在强调，教育要回答好培养什么样的人、为谁培养人的问题。叶圣陶指出，品德教育重在实做。在这样的大背景下，去考量"品德教育重在实做"，会发现"德融数理·知行合一"为这句话开辟了新的边界。

特别是在现在的教育体制改革下，我们正在树立以学生为中心的教学思想，在不断地把学生的思考、学生的自主性作为一个改革方向的时候，"德融数理·知行合一"就给了我们更多的想象空间。"德融数理·知行合一"是关于"实做"的理念。所谓"实"，有这样几个方面：首先，它体现了朴实的道德追求，"孝诚爱"等最基本的道德基因是源于生活的。就像社会主义核心价值观一样，虽然被概括成了24个字，但大家都知道它只是对生活的一种凝练，对中国历史生活和当下生活的一种凝练。其次，它的"实"立足于中华优秀传统文化，立足于我们的国情，立足于对中华优秀传统文化的创造性转化和创新性发展。再者，它立足于实际生活，立足于社会上种种问题背后的社会现实，体现真情实感。第四，它的"实"体现在"做"上。道德教育最终体现在"做"上，"德融数理·知行合一"理念引导学生自己收集数据，在生活当中去体验，这是德育的第一要务，让学生进入情境，自己去感受，然后来计算。它也给了学生向师长学习的机会，让孩子们看老师怎么做、家长怎么做，从而思考自己该怎么做。

（摘自山东省社会主义核心价值观进校园推进会发言）

落实立德树人根本任务的有效模式

中国教育科学研究院副院长、研究员　于发友

如何改进和加强道德教育，破解长期存在的困境和难题，落实立德树人根本任务，是摆在我们面前的一项紧迫课题。"德融数理·知行合一"德育新模式给了我们一个很好的回答。该模式秉承以德为魂，以数理为体，运用大数据的思维方法，将情境教育、知识教育和实践教育有机融合起来，完成价值观培育的追问、判断和践行。换言之，该模式通过讲故事、列数据、算付出、思言行等形式，与其他学科有机融合，将德育融入教学的各个环节中，使德育教学更容易操作、更富有实效。该模式兼具了以下几个特点。

一是遵循了自然规律、生活规律、德育规律和青少年成长规律。《文明基因·孝诚爱》丛书以中华民族传统美德和现代人类社会文明规范为统领，以古今中外的文史哲、数理化、音体美和社会实践的具体知识为载体，在多学科融合及实践中始终坚持立德树人的核心宗旨。同时符合皮亚杰提出的儿童道德发展的阶段理论及认知发展理论，通过刺激学生的物理经验和数理逻辑经验，针对儿童道德形成的三个阶段的不同特点，设计与之相符合的教学内容。

二是创新了德育教学的方式方法。传统的德育教学空洞、乏味，不易和学生产生共鸣，很容易陷入说教的窠臼。这套书则通过引经据典、实例列举，让学生能够意识到德育是贯通古今中外的学习过程。学生通过反思日常言行、计算具体数据的过程，更加真切地感受到他人的付出、自己的回报，对德育内容产生共鸣。

三是契合了中央和教育部的政策要求。十八届三中全会报告提出："坚持立德树人，加强社会主义核心价值观教育，完善中华传统优秀文化教育。""德

融数理"模式谙合立德树人要求，开创德育新模式，在每个环节都有具体的事例和相应的数理知识做支撑，使学生不仅知恩，更要感恩、报恩，建立健康的世界观、人生观、价值观。教育部印发的《关于全面深化课程改革落实立德树人根本任务的意见》，提出了"五个统筹"的工作任务。"德融数理"模式有效统筹了各学段、各学科、各教学主体和各育人阵地，培养学生在家庭、学校、社会中和不同年龄段所应具备的孝诚爱的道德品质。

四是体现了与时俱进的时代精神。每个时代的孩童都有专属记忆。"德融数理"模式根据现代儿童的成长环境特点，提出一些实际生活中遇到的问题，引发学生思考，对于引导学生树立正确的价值观、理性辨别舆论是非具有实际性的帮助。同时，每一章的开头都引用古典名句来导入教学，充分发挥经典的现实作用，缩短传统美德与现实生活的距离，提高学生对于古文的理解能力。另外，在大数据时代，该模式充分利用数据的真实性和震撼力，使学生能够更加清晰直观地感受到德育的力量，在锻炼学生计算能力的同时，强化学生知恩、感恩、报恩的思想。

（摘自山东省社会主义核心价值观进校园推进会发言）

从德育自觉走向德育自信

山东省教育科学研究院博士、研究员　曾庆伟

建立符合社会发展、国家需要的德育课程体系，成为学界和学校一直在思考和探索的重大问题。"德融数理"在这种背景下呼之欲出，具有四个方面的重要意义。

一是教学意义。"德融数理"既是一种德育模式，更是一种德育思想，为践行社会主义核心价值观，形成良好的家教家风提供了理论支撑和实践样品，更是德育创新的范式。

二是课程意义。社会主义核心价值观、孝诚爱等我们提倡的德育理念为什么效果不好？因为它们都是抽象的，需要具体化、体验化、生活化、活动化。在这种背景下，我们要探讨为理解而教。为了提升学生的理解力，要重视事实教学，重视课程的整合性和学生能力的提升。

三是教育改革的意义。大数据时代，数据教学从理论走向实践。基于数据的道德是教育教学改革的需要，也为教育行政部门决策提供了参考，有助于找到最佳路径。

四是社会意义。我们提倡终身化学习，德育需不需要终身化学习？教化的方式是什么？"德融数理"为我们践行提供了可能。"德融数理"不是对孩子做加法，而是做减法，因为强调了课程的整合性，强调了基于学生能力发展的内容建构。

（摘自山东省社会主义核心价值观进校园推进会发言）

"德融数理"兼具创新性和可行性

山东师范大学教育学部教授、博士生导师　唐汉卫

"德融数理"模式给人最大的感受首先是新。现在国内外有很多德育理念和方法，但是从大数据的视角来反思的，很少见。数是量的概念，数据是度的概念，理是事物本身的道理、规律。一个是量，一个是质。从生活中的大数据，反思数据和数理之于学生道德发展和道德教育的意义，这在理论界和应用

界是第一次看到。现在的时代，一切皆数据，处处皆编码，在道德上、情感上是不是这样不好说，但至少数据、数理蕴含着丰富的道德教育意蕴，具有非常好的道德教育效果，这是毋庸置疑的。通过生活中耳濡目染、日用不自知的现象中的数据，揭示道理，能提高道德教育的趣味性、感染性、说服力，这是毫无疑问的。数据和数理未必能直接推演出价值观和道德观，但从教育上讲，能提升趣味性、感染性、说服力，这是毫无疑问的。在实践中，大力挖掘数据、数理之于道德教育的作用和效果，在开拓性、前瞻性、创造性上，"德融数理"具备很大的优势和潜力。

其次，可操作性非常强。"德融数理"提供了一套简易可行的操作流程。社会主义核心价值观进校园，没法通过行政的力量，还是要通过教育的力量。任何学校让社会主义核心价值观进校园都要基于学情分析、校情分析，以问题为导向，突出重点，找到适合自己的切入点。比如"德融数理"用"孝诚爱"作为切入点，有简单易行的流程。对于"德融数理"这种思想理念，管理者和老师在学科育人、文化育人、活动育人、管理育人、家校合作育人中应积极运用。在实施的过程中，还应充分挖掘活动中的数理因素。

（摘自山东省社会主义核心价值观进校园推进会发言）

让德育闪耀理性思维之光

《中小学德育》副主编兼编辑部主任　徐向阳

德育和数学到底是什么样的关系？我咨询数学专家，到底该怎么理解这个事情。他说数学是生活，而道德教育的起点也是生活。这样，"德融数理"的理念就

能讲通了。"德融数理"有以下几个特点:

第一点,可亲。书中的数据链用一个个情境串起来了,这些数据都是孩子们每天在经历的,没有拔高,没有虚的东西。数据往往是枯燥的、孤立的,而"德融数理"的数据源于生活,这样的教育让孩子们觉得德育可亲,德育就有了好的起点。这是第一点,我认为"德融数理"是可亲的。

第二点,可信。传统的道德教育常常不能令学生信服,效果不好。我们在反思,我们经常告诉孩子应该怎么样,要求的东西比较多,却很少告诉他为什么这么做,这种要求的合理性在哪里。比如孝敬父母,我们说父母生了我、养了我,所以要孝敬,那么孩子问:动物不也生孩子、养孩子吗,怎么动物不用孝敬?这些道理讲得不是很透,所以孩子不能信服。数学实现了对客观现象的概括,通过公式、定理表达数字之间的关系,这种表达方式是严谨的。我们说教的时候常常是不讲逻辑的,但数学的每个结论都是严谨的、有道理的。当我们用这种严谨的方式去讲道德,用数据表达道理的时候,没有一点强迫和灌输。如果说单个的数据不具有说服力的话,大数据往往是很有说服力的。这种数据因为讲逻辑,所以容易让孩子信服。

第三点,可立。我们的道德教育在教室里和教室外、学校里和学校外进行,但学生常常是一出了教室、学校,表现就不同了。原因在于我们传授给学生的道德知识没有内化,没有成为他们人格的一部分,也就是德育没"立"起来。"德融数理"是用逻辑思维的方式,以数学的逻辑来讲道理,能够训练孩子的逻辑思维。孩子有了逻辑思维就有了判断能力,遇到生活现象时会产生思考,产生价值追问。最后指向价值践行,道德教育就完成了,孩子的道德品行就"立"起来了。当他们进入社会、换了环境后,会用脑子去判断自己该怎么做,自己该做什么。

(摘自山东省社会主义核心价值观进校园推进会发言)

用道德的方式进行道德教育

国家督学、教育部中小学教材审查委员会委员　成尚荣

把道德教育深植于中华优秀传统文化之中，从文化宝库中开发道德教育的元素，让一句句古语、一个个做人的道理传承下来，并与开放的时代相结合，建构具有中国特色的社会主义德育体系，是今天中小学德育的重大命题。《文明基因·孝诚爱》丛书正是坚守并践行这一信念，对当今的德育做了积极探索，回应着这一命题，给我们许多重要的启发。

其一，道德教育方式应当是人与人之间相互尊重、进行对话的方式。尊重，是人性的起点，是道德的起点，当然也应是道德教育的起点。而尊重的内核是对人的信任。中小学德育应当从尊重学生、信任学生开始。《文明基因·孝诚爱》丛书中有孙奉岩以残疾之躯十年还清父母遗债的故事，有汶川地震中学生互相关心、帮助的故事，告诉我们，中小学生有着道德发展的可能性，只要尊重他们，信任他们，并以此为前提，以对话的方式进行教育，一定会逐步实现教育的目标。可以说，尊重、信任、对话，犹如道德教育的一道阳光，会唤醒学生的耳朵，唤醒学生的心灵。

其二，道德教育的方式应当坚持在以学生为主体的理念下展开。德育以谁为主体，不仅是个理念问题，也是个方式问题。主体一定是人，但人不一定是主体，只有当人成为活动的发出者、参与者、创造者的时候，才是主体。《文明基因·孝诚爱》丛书，自始至终都是以学生为主角，向他们讲述，让他们倾听，引导他们去思考，一个个故事、一个个案例，处处看到他们的身影，听到他们的声音，唤起了学生的自主性、积极性和创造性，让学生主动地走到德育的主体地位去。

其三，道德教育的方式应当是文化的方式。道德教育应当植根于文化土壤中，以文化为背景，还应当以文化的方式来进行教育。文化的方式是浸润、熏陶的方式，不是说教，也不是简单告诉，是吸引人的方式，而不是强制的方式。文化的方式往往用"复数"的名称，因为文化是复数，而不是单数。丛书中，有不少"我的……"表述，"我"不是某一个具体的人，而是一个群体，所以，丛书又常常用"我们的……"。从"我"到"我们"，引导学生形成共识和集体性记忆。

其四，道德教育的方式要求有良好的结构，良好的结构带来教育方式的多样。丛书的每个主题都以这样的结构来展开："过目难忘"——故事的叙述，情境的再现；"心中有数"——对故事、案例进行分析，有具体的数字，有可供选择的问答；"学而习之"——通过阅读、游戏等活动，围绕主题让学生进一步去探究、体验；"融会贯通"——适当的拓展性阅读和活动，让学生对主题有较为深刻的理解，并对生活中的类似问题独立思考，想办法解决。这样的结构本身渗透着各种方式，循循善诱，层层深入，中小学生喜欢这样的方式。

将德育灵活融汇到教学中

华南师范大学教育科学学院教授、博士生导师 葛新斌

《文明基因·孝诚爱》丛书以"道德教育人性化"为导向，以"向上向善"为轴心，构建了道德教育人性化的立体时空。它既坚持以社会主义核心价值观为指导，又注重将其与青少年的数理化教学及社会实践相结合，文以载道，以德化人，润物无声，做到了真学真信基础上的真用。

第一，《文明基因·孝诚爱》丛书彰显了传统美德的现代价值。该书汲取

了传统美德的精华，始终秉承"孝诚爱"的道德理念，集中体现了中国人安身立命的独特智慧，蕴含了深刻的人生哲思，凝结了民族精神的丰富内涵。丛书将这些内容与现代道德教育相结合，寓德于教，使之上升为普遍理念和价值目标，通过德育实践内化为人们的主流价值观、自觉意识和具有约束力的行为规范，是一种有益的尝试。

第二，《文明基因·孝诚爱》丛书融合了社会主义核心价值观与传统美德。该书巧妙地融合了传统美德与社会主义核心价值观：《家庭美德·孝德》既提倡了传统的孝道，又弘扬了当今提倡的感恩之情，列举多组数字让青少年体会父母的养育之恩，借以培养青少年的感恩情怀。《学业道德·诚德》从学业诚信推及良法之治下的"遵纪守法"，由"诚学治学"之道的"知之为知之，不知为不知"推及良法之治下的"与人为善"，现代与传统于青少年点滴生活中相互关照。《社会公德·爱德》兼顾古代友善的美德与当今善待他人、社会与自然，不仅有助于形成和谐的家庭关系、人际关系，还有助于形成和谐的生态关系。

第三，《文明基因·孝诚爱》丛书继承与超越了传统美德，形塑社会主义核心价值观。该书在深刻把握传统美德与社会主义核心价值体系的基础上，对于如何吸纳传统美德以构建社会主义核心价值观的问题做出了积极有益的尝试和探索。书中的道德教育内容，比空洞的说教更易理解。传统的孝道教育有利于培养青少年的感恩情怀，而青少年是社会主义事业的接班人，孝德教育也因此使得社会主义核心价值观的形塑具备了坚实的根基。

（摘自《中国出版传媒商报》2014年12月16日第16版）

夯实品德教育的常识性功夫

首都师范大学历史系教授、博士生导师　赵亚夫

通览《文明基因·孝诚爱》丛书，会感到强烈的时代意识和技艺创新意识。如果说这部作品就是"构筑山东道德高地"的代表作的话，那我看到的则是，山东省品德教育的取向，不仅接地气，具有不媚俗、不张扬、不做口号式宣传的特征，而且简洁实用、易知易行。

《文明基因·孝诚爱》完全屏除了传统品德教育中的感情用事，使品德教育回归理性。每陈述一个事实，既让道理明明白白，还试图通过"做"的方式加深思考。它删减了情节，增加了细节，而相应的内容认知，则直接从理性出发。

一部好的品德作品要源于社会生活，并能够引导人们的生活。《文明基因·孝诚爱》在这方面有两个突出特点：第一是基于学生经验拓展生活题材。书中100多则中外故事，有32则国外故事和35则历史故事。第二是贴近学生的现实生活和需要选择生活题材。广义地讲，全书的选材都是基于学生的生活经验，故而生动，符合学生认知特点，故而实用。或者说，它旨在普及品德常识，并由这些品德常识滋育青少年学生的科学人生和现实生活。

只有当学生对学习题材有兴趣，品德教育才能够收获它的成果。《文明基因·孝诚爱》丛书打开了一扇门，它立意明确，知道给学生什么；结构新锐，将学科知识和技能与品德教育相互贯通；内容精当，古今中外博采众长；说理坦诚，既在如何说理上下功夫，也在语言叙事上做文章。

（摘自《中国新闻出版广电报》2014年11月28日第8版）

孝诚爱里的文明基因

山东师范大学教授、博士生导师　张茂聪

　　《文明基因·孝诚爱》是一套递传文明、彰显价值，引领青少年道德成长的好作品。丛书始终把脉传统美德的文化基因，顺应社会发展要求，积极践行"富强、民主、文明、和谐，自由、平等、公正、法治，爱国、敬业、诚信、友善"的社会主义核心价值观。其内容既植根于中华民族优秀传统文化，又彰显时代诉求。

　　丛书始终恪守"孝诚爱仁"的道德理念，引领青少年道德成长。如在《家庭美德·孝德》篇，贯穿以"孝"为核心，通过"知恩""感恩"和"报恩"三个篇章，捕捉与回忆一个个日常生活中令人难忘的情境，引领青少年进行深刻的道德考量，使其"过目难忘"；再列举、归纳、提炼一组组容易引发深度思考的数据，引领青少年"心中有数"，体会父母养育之不易，从而引导青少年时刻孝敬父母，尊敬师长，常怀感恩之心并珍惜眼前的一切，知恩图报，报恩有方。

　　丛书注重情理结合，学科交融，贴近青少年生活，适应青少年身心发展特点。通过捕捉身边学习、生活中的细致入微的事件，抒写了大量富有情感、激发情感的经典情境、经典故事，使青少年在阅读过程中反思自我，升华道德情操，并能够以故事中的先进人物为榜样，在生活中调适自己的行为。青少年也会因对书中情境更深层的领悟而对书中的事例、事理铭记于心，从而"过目难忘"。丛书依据"过目难忘"的场景和"心中有数"的数据，巧妙地设计若干数学、物理、化学、生物试题，让青少年重温学过的内容。此外还注重实践能力的培养，力争达到理论与实践的结合，使学、做合一，在实践中感受情境，得出真知。丛书将德育潜移默化地融入情境中，融入数字里，放在图画里，让读者切身感受到道德力量与智慧的"润物无声"。

（摘自《大众日报》2014年10月24日第14版）

二、政府推广

2014年11月21日，山东省培育和践行社会主义核心价值观经验交流会在山东日照召开，与会人员观摩日照新营小学"德融数理"微课堂。

图6-1　"德融数理"微课堂

2014 年 12 月 2 日，山东省中小学社会主义核心价值观进校园观摩研讨会在莱州召开，观摩"德融数理"课堂。

图6-2　2014年在莱州召开的观摩研讨会

2017年6月19日，山东省委宣传部、省教育厅在淄川召开全省社会主义核心价值观进校园推进会，总结推广"德融数理·知行合一"德育模式经验。

图6-3　2017年在淄川召开的山东省社会主义核心价值观进校园推进会

国家新闻出版广电总局将《文明基因·孝诚爱》丛书列入"2016年向全国青少年推荐百种优秀出版物"。

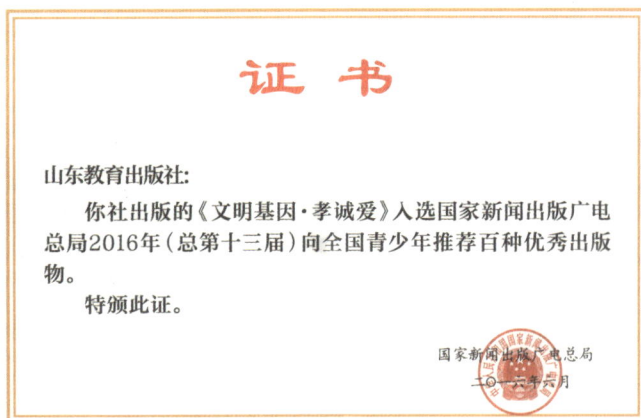

证　书

山东教育出版社：

你社出版的《文明基因·孝诚爱》入选国家新闻出版广电总局2016年（总第十三届）向全国青少年推荐百种优秀出版物。

特颁此证。

国家新闻出版广电总局
二〇一六年六月

图6-4　证书

教育部将《文明基因·孝诚爱》丛书列入"2019 年全国中小学图书馆（室）推荐书目"。

2019 年全国中小学图书馆（室）推荐书目

序号	图书名称	分类	责任者	出版单位	ISBN	定价	出版日期	第一适读对象	第二适读对象	第三适读对象	是否适合教师阅读
20191222	文明基因·孝诚爱.一年级	G文化、科学、教育、体育	林建宁	山东教育出版社	9787532894987	12.00	2017-05	小学1-2年级			是
20191223	文明基因·孝诚爱.二年级	G文化、科学、教育、体育	林建宁	山东教育出版社	9787532894994	13.00	2017-05	小学1-2年级			是
20191224	文明基因·孝诚爱.三年级	G文化、科学、教育、体育	林建宁	山东教育出版社	9787532895816	18.00	2017-05	小学3-4年级			是
20191225	文明基因·孝诚爱.四年级	G文化、科学、教育、体育	林建宁	山东教育出版社	9787532896035	18.00	2017-05	小学3-4年级			是
20191226	文明基因·孝诚爱.五年级	G文化、科学、教育、体育	林建宁	山东教育出版社	9787532896042	18.00	2017-05	小学5-6年级			是
20191227	文明基因·孝诚爱.六年级	G文化、科学、教育、体育	林建宁	山东教育出版社	9787532896059	19.00	2017-05	小学5-6年级			是
20191228	文明基因·孝诚爱.七年级	G文化、科学、教育、体育	林建宁	山东教育出版社	9787532896066	20.00	2017-05	初中生			是

图6-5　推荐书目

全国青少年爱国主义读书教育活动组织委员会，2014、2015 连续两年将《文明基因·孝诚爱》丛书列为推荐读物。

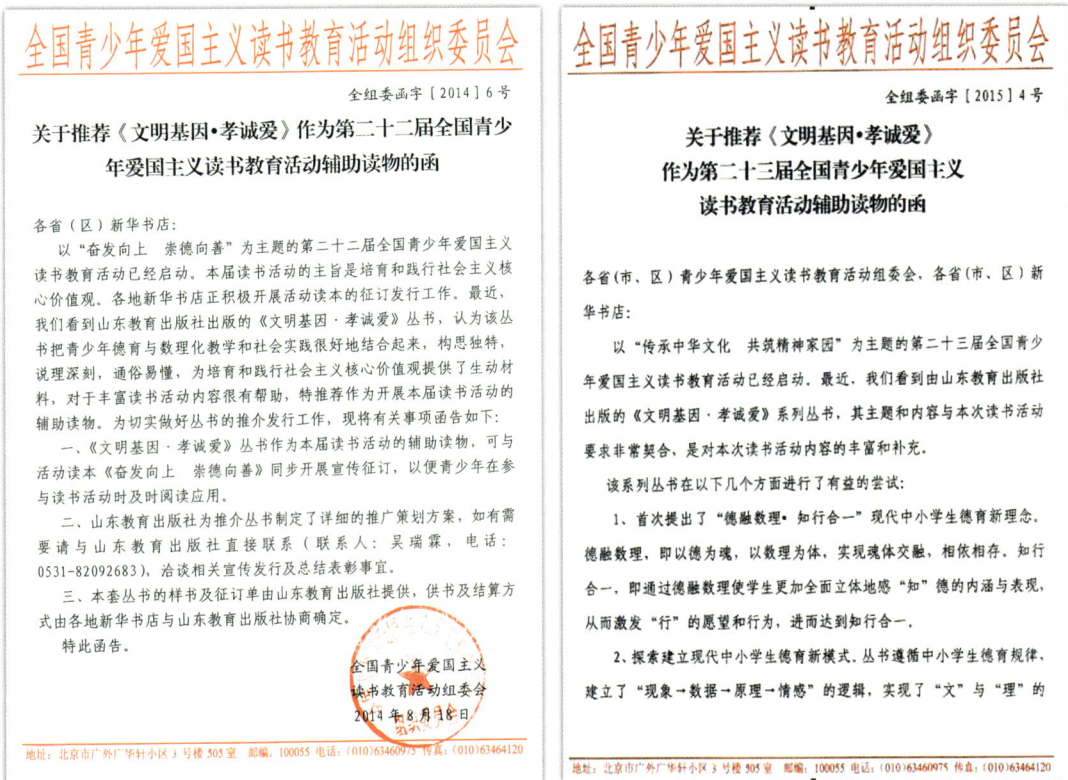

图6-6　全国青少年爱国主义读书教育活动组织委员会文件

三、媒体报道

新德育：传统美德如何融入00后的生活

摘自《半月谈》　　　记者　丁锡国　刘宝森　魏圣曜

编者按： 2017年5月23日，中央深改领导小组第35次会议指出，深化教育体制机制改革，要全面贯彻党的教育方针，坚持社会主义办学方向，全面落实立德树人根本任务，构建以社会主义核心价值观为引领的大中小幼一体化德育体系。

当下的中小学生面对着一个文化、价值多元的世界，常常产生道德和价值困惑，中小学德育也时常陷入困境。近年来，山东省针对青少年德育中存在的"两张皮"问题，依托特色教材，以"孝德、诚德、爱德"为篇章主题，探寻传统美德教育与现代知识讲授的有效切入点，更加注重学生的体验和感悟，探索出一条"德融数理·知行合一"的德育新路径，为中小学德育与现代化生活相互律动增添了新动能。

从总体上看，各地中小学德育的现代化之路还有很多待啃的"硬骨头"。比如，一些学校的德育水平仍然停留在照本宣科的初级阶段，一些地方的德育探索偏向以纯粹的"背诵"知识点为主，"空泛死板"成为不少学校德育难以走出的困境。

管中窥豹，山东省中小学德育的总体现状和一些破题之举，是全国德育现状的一个缩影。对于这个优秀传统文化资源大省来说，深入探察其德育的现代化之路，对全国的德育现代化和"德育脱困"具有深刻的借鉴意义，也将为社会主义核心价值观引领中小学德育提供可资借鉴的路径。

"记得住大道理，解不开人生题"

——三问中小学德育之困

《半月谈》记者在多地调研了解到，很多学生对数理化知识、各类公式原理烂熟于心，但面对一些基本的"人生题"经常感到困惑。对于我国德育的现代化之困境，不妨从三个方面去追问：德育的"两张皮"问题究竟有多严重？德育改革面临哪些障碍？德育改革的现代化之路何在？

学得了数理化，答不出父母恩

"现在的孩子都是娇生惯养，含在嘴里怕化了，捧在手里怕掉了。就连穿衣服、背书包这些简单的事情，都由老人代劳。"山东淄博一所小学二年级学生家长周琳说，自己的女儿也是如此。时间久了，孩子不仅对长辈的付出熟视无睹，还认为那是他们应该做的。"爷爷奶奶有时不帮忙做，孩子还冲老人发火。"

山东省社科联副主席林建宁近年来在不同场合对大量学生做过多次测试，结果令人吃惊：许多人不知道吃过妈妈多少乳汁，许多人答不出撒谎的危害；近一半的受访学生不知道祖父母、外祖父母的姓名，超过一半的受访大学生记不准或记不全父母的生日；许多学生回答不愿意上思想品德课，认为空洞乏味……

"一个对长辈、父母关心不够的人，能建立正确的人生观吗？一个对诚实的重要性认识不够的人，能建立正确的价值观吗？一个对自然生活规律缺少常识的人，能建立正确的世界观吗？"林建宁认为，让道德教育扎根现实生活，已经成为重要的时代课题，亟须学校、家庭、社会共同反思、实践、总结。

曲阜市政府教育督导室主任张昭领认为，长期以来德育工作尤其是中小学德育工作，存在"只教知识、不重实践"的"两张皮"问题，空讲道理、空泛说教导致一些中小学生"人生的第一粒扣子"扣不紧、扣不实。

基层教育工作者还指出，一些中小学德育课不仅流于枯燥空洞的说教，在不同阶段的德育目标设定也不够科学准确，课程内容安排不尽合理，缺乏针对性和有效性。教育主管部门在测试学生的品德水平时，完全照搬文化课出考卷的方法，以简单的选择题、判断题为主，导致品德测试简单化、形式化，很难真实反映学生品德状况。部分学生"学得了数理化，答不出父母恩"。

"一好"顶"三好"，德育为智育让路

不少基层教育工作者认为，改革开放以来，国家教育事业取得长足进步，青少年综合素质水平有明显提高。然而，在应试教育的大环境中，学校和家长更看重升学率与分数，学校德育改革的动力不足、步伐缓慢，面临着德育教师短缺、教材呆板等困境。

德育改革首先面临的一大掣肘是具备德育专长的师资人才短缺。"师者，所以传道授业解惑也。"曲阜市实验中学德育处主任周长忠说，之所以"传道"被放在最前面，是因为教师不只是"教书匠"，更要教授学生为人处世的道理，培养学生优良的品质与独立的人格，帮助学生树立正确的世界观、价值观、人生观，"传道其实就是推进德育的过程"。

曲阜市实验小学校长王利民说，一方面，德育老师人手严重不足，学校有5000多名学生，在职在岗的思想品德老师仅仅四五个人，其他要靠文化课老师兼任；另一方面，上级教育主管部门对德育骨干教师的培训，与文化课老师培训经常是"一锅饭"，没有把德育培训单列出来。

另一大掣肘是教材呆板。从教27年的曲阜市实验小学四年级二班班主任孔为峰说，他听过山东省内外多所学校的德育课，基本都是按照《品德与社会》《品德与生活》等几本统一教材照本宣科，缺少因材施教的校本教材。

"道德教育关乎学生的品性涵养，低年级或许要背诵一些道理，但只靠背诵无法达到品德端正、知行合一。"孔为峰说，有些德育课老师曾坦言自己这门课不重要，让学生背诵教材内容敷衍了事，导致很多学生道德规范背得滚瓜烂熟，却连扫帚拖把怎么用都不会，父母的生日都不记得。

曲阜市实验中学校长张昭军认为，虽然自中央到地方教育部门始终强调"育人为本""德育为首"，但学校层面德育改革推进步伐缓慢，根本原因还是动力不足，德育在不少学校随时要为智育让路、为升学让路。"特别是在初高中阶段，只要成绩好，'一好'顶'三好'。升学率关乎学校排名、教职工收

入，不仅学校在意，家长更在意。"他说。

德育改革呼唤"新律动"

教育专家分析，一些学校的德育工作表面上热闹非凡，实际上越来越形式化，成为一种对上负责而对下不负责的"应景之作"。重智育轻德育、重课堂教学轻社会实践等违背教育规律、人才成长规律的现象在全国尚未根本改变，德育评价体系、德育保障机制还不健全，教师的师德和育人能力有待进一步提高。

"长期以来，德育教学与生活游离，呆板的'道德派发'模式导致不少地方德育效果不显、效用不彰。"全国教育科学规划领导小组德育学科组副组长、曲阜师范大学党委书记戚万学认为，山东的德育改革现状是全国的一个缩影，德育改革呼唤富有中国气魄、中国风格的"新律动"。

一方面必须打破学校教育中的分数至上。中国教育科学研究院研究员于发友介绍，我国德育改革乃至整个教育改革的痛点，在于考试制度、社会评价仍偏重文化课成绩、升学率，这种现象短期内难以根本改变。尤其是部分家境贫寒的学生和家庭，"一考定终身"思想根深蒂固，大多数学校为了自身利益也不得不"厚分薄德"。因此，提高德育在整个教育体系中的分量势在必行，也可以起到"四两拨千斤"的作用。

另一方面，必须统筹发挥"三大空间"的作用。德育要内化于心、外化于行，离不开学校、家庭、社会这三大空间的紧密结合。专家建议，中小学可以以学科教育为主渠道，深挖教材与德育内容的结合点，开设符合地方实际的德育校本课程；建立健全"家长委员会"，家庭和学校必须在德育观念、德育举措上达成共识，有些必要的惩戒措施需争取家长认同；同时，鼓励社会各界对德育改革贡献力量，为学生、家长、教师提供德育的社会实践平台。

德育改革的"山东式突围"

德育要从孩子抓起。教育文化资源大省山东近年来针对中小学思想品德课教育中普遍存在的"两张皮"现象，积极在部分地市试点，把"孝诚爱"等中华传统美德教育融入现代学科，更加注重学生的体验和感悟，为中小学德育脱困探索出一条"德融数理·知行合一"的新路径。

原点出发、价值追问

"1 岁婴儿平均体重按 15 斤算，妈妈每天要抱宝宝 20 次以上；2 到 3 岁幼儿 25 斤，每天抱约 10 次；4 岁至 10 岁时 50 斤，每天要抱 5 次。10 岁前你在妈妈怀里有多重？"

"一共 930750 斤！"数学运算后，小学生们惊讶地发现：妈妈的臂弯竟然承受了这么多！

"那么，回家后你会不会试着抱一抱妈妈，表达感激？""会！"一片整齐的回答声。

这是山东淄博市淄川区实验小学德育微课堂《母爱无边孝心最美》的现场。授课教师张孝荣告诉记者，一节课约 15 分钟，依托《文明基因·孝诚爱》德育教材，从学生熟悉的家庭、学校、社会公共场所等情境出发，借助对道德原点的追问，既引发学生的道德思考，又紧密结合 2011 年版《义务教育品德与社会课程标准》中"感受养育之恩"、《义务教育数学课程标准》中"从具体情境中抽象出数"等课标要求。

记者采访了解到，自 2014 年起，山东改革教材内容，在部分学校探索推广新德育模式，将情境教育、知识教育和实践教育有机融合，贯穿家庭、学校、社会三个空间，实现道德教育的生活化、科学化和现代化。

从"我吃了妈妈多少乳汁"，到"这些乳汁有哪些营养成分"，再到"这些营养成分需要多少粮食转化"；从"人撒谎时为什么会脸红"，到"撒谎时心跳加快多少"，再到"撒谎分泌出的肾上腺素分子式如何写、分子量是多少"……在山东淄博、烟台、日照等地，不少幼儿园、中小学依托上述德育新情境，以"孝德、诚德、爱德"为篇章主题，探索传统美德教育与现代知识讲授的有效切入点，以求破解传统德育"空泛死板"的难题。

学生家长周琳欣喜地发现，正是这些新德育课，让她的女儿逐渐开始自己穿衣服、背书包、盛饭。"没想到女儿还主动记下了全家人的生日，有长辈过生日时，孩子会送上自己动手做的礼物。"

在蒲松龄故里淄博淄川区，"德融数理"新德育课程已全面覆盖70余所中小学、6万余名师生。淄川二中物理教师袁延昭说，在讲授八年级物理第一章《速度》一课时，自己把"家长步行接送孩子上学"的题目设置为当堂检测题，计算家长送学生上学走过的路程。有的同学算出奶奶从自己上学到现在接送走路近一万里的时候，不禁发出了惊叹声。"那堂课，学生明显学习劲头更足了。"

"一系列看似生活化、故事化的问题，在经过科学化、现代化解答后就变成了有价值的追问。"山东省烟台莱州市文峰中学教师崔燕说。

"德融数理"理念提出者、山东省社科联副主席林建宁认为，中小学阶段是道德教育打基础的关键阶段。如何适应现代中小学生的特点，使中华传统美德真正融入学生学习生活，实现创造性转化和创新性发展，是做好中小学生德育工作的关键。

130个情境教案破解"空泛死板"难题

记者采访了解到，"德融数理"在总结传统青少年德育模式经验的基础上，遵循现代青少年成长规律，以德为魂、以数理为体，实现"文"与"理"交融、"学"与"习"结合，追寻传统美德的培育与践行，探求心灵塑造与知识、技能传授的内在统一。

据林建宁介绍，所谓"德"，指中华民族传统美德和现代人类社会文明规范。"融"指将传统美德和社会文明规范融入各学科知识点，贯穿学习、生活的全过程，全方位引领学生思想和行动。"数"指与学生生命、学习、生活相关的数据，包括自然数据、生命数据、环境数据、社会数据等。"理"指做人做事的道理，包括自然之理、生命之理、人伦之理、事业之理、社会之理。

据有关授课教师介绍，这一教育模式所依托的特色教材，分三个教学主题。一是"孝德"，分设知恩篇、感恩篇、报恩篇；二是"诚德"，分设诚实学习篇、重诺守信篇、遵纪守法篇；三是"爱德"，分设爱护环境篇、关爱他人篇、奉献社会篇。

烟台莱州市双语学校教师韩芳介绍说，教材有约130个发人深省的情境教案，设置"由境生情—由情发问—由问寻数—由数解理—由理启智—由智成行"六个步骤，循序渐进地实现价值追问、判断和践行。

如"今生我们能见到父母多少回"案例，其呈现效果如下：孩子18岁高中毕业后，离开父母到异地求学、工作，此时父母大多在45岁左右。按照父母平均寿命80岁计算，如果每年回家两次，能与父母相聚不过70次；如果每年多回家两次，见面次数增加一倍，相当于父母寿命延长了35年！

"回家账"打动了不少高中生。许多学生当场表示，下课后就给父母打电话，以后离开家也要多与父母联系。"授课老师更看重的是，这些情境教案打破了以往德育课空泛死板的状况，吸引力、感染力大大增强，在老师完成价值追问、学生做出价值判断后，激发了道德的内生动力，促使学生实现知行合一。"韩芳说。

为德育脱困探索新路径

教育专家认为，与几十年前的教育环境不同，当下的中小学生面对着一个文化、价值、信息多元的世界，常常产生道德困惑、价值困惑、身份困惑。

"中小学德育改革关键是要找到切入点和突破口。"国家督学、教育部中小学教材审查委员会委员成尚荣分析指出，"德融数理"注重把道德教育深植于中华优秀传统文化之中，不仅让一句句古语、一个个做人的道理传承下来，还探索出德育改革"知行合一"的新路径。

淄博市淄川区教体局局长牛少健说，"德融数理·知行合一"的德育模式，将德育融进学科教学，将情境、知识、实践教育高度融合，打通了德育与学科、社会实践之间的障碍。

华南师范大学教育科学学院教授葛新斌认为，"德融数理"教育模式以"道德教育人性化"为导向，以"向上向善"为轴心，既坚持以社会主义核心价值观为引领，又注重将其与青少年的数理化教学及社会实践相结合，文以载道、以德化人、润物无声，做到了真学真信基础上的真用，彰显了传统美德的现代价值。

在《中小学德育》编辑部副主编、华南师范大学教授徐向阳看来，培养学生的道德思维能力，数学是一把"金钥匙"：不需要华丽的辞藻、动情的话语、热闹的场景，依靠真实具体、科学严密、亲身得出的数据，就能彰显道德、情感与实践的力量。"德融数理让德育改革闪耀出理性思维之光。"

"实际上，在大数据时代，一切皆有数、处处可编码，只不过我们日用而不知。"山东师范大学教育学部教授唐汉卫等专家认为，借助大数据思维，以孝德、诚德、爱德为文明基因的"德融数理"新模式，为德育脱困探索出一条社会主义核心价值观与传统美德、现代学科有机融合的"山东式突围"之路。

德育新体系：中国底蕴、中国价值、中国精神

构建以社会主义核心价值观为引领的大中小幼一体化德育体系，有哪些可行的路径？专家认为，现代德育新体系承载着十分重要的内涵，既要与涵养中国底蕴、中国价值、中国精神相辅相成，又要将社会主义核心价值观与传统美德、现代学科、理性思维有机融合，还要为中华民族伟大复兴的中国梦增添新动能。

新体系应吸收优秀传统文化与美德底蕴

有着80多年校史的曲阜市实验小学，是山东省较早开展传统文化入课程的学校。学校利用孔子故里的人文优势，深入挖掘运用儒家优秀传统文化和典籍，形成"诗书启智·和乐育人"的德育模式，牢牢把握小学生蒙童之时这一最佳教育时机，培育"和乐致美"的时代新人。

曲阜市实验小学校长王利民介绍，"和乐"重在涵养和谐、快乐的做人之道，强调的是过程；"致美"则侧重完善、完美的做事之道，突出的是目标。学校把做人与做事、过程与目标紧密结合后，教师们更加关注育人细节和学生成长，着重培养学生的自主精神、科学态度、学习能力、文明规范等素质，帮助学生在学习和生活中成就最好的自我。

该校四年级二班班主任孔为峰告诉记者，在具体教材教程编制上，学校在20世纪90年代初就自发编写《古诗文诵读手册》，辅以《三字经》《弟子规》等传统蒙学读物，并编写了校本教材《杏坛魂》《〈论语〉进课堂》，以四书选粹为主体内容，按难易程度对应不同年级，按文本内容形成不同专题，制订详细教学计划，积极利用优秀传统文化做好道德教育。

"20多年的实践表明，校本课程让学生变得谈吐儒雅、彬彬有礼，对待学

习、生活、家人更加自如，促进美德教育的同时启迪了学生的心智。"孔为峰说。许多学生在各类社会活动中脱颖而出，例如一名学生以扎实的经典文化功底获得第十六届全球华人少年作文大赛一等奖。

华南师范大学教育科学学院教授葛新斌认为，优秀传统文化、传统美德是德育的重要基石，现代德育新体系不可能是没有民族传统文化支撑的空中楼阁。在历史长河中，中华民族传统美德几经文化、政治、经济、社会的冲刷，吐故纳新，逐步形成极具应变能力的理性品格，成为推动我国德育现代化进程的精神动力。

"即使在社会主义市场经济高速发展的今天，诸如童叟无欺、勤俭持家等，依然极具时代价值，这些美德让我们推进德育改革有了深厚底蕴。"王利民说。

教育部中小学教材审查委员会委员成尚荣等教育专家建议，依托传统文化改革德育方式、创新德育方法要处理好两方面关系。一方面，在教材内容选取设置上，处理好弘扬与舍弃的关系，对传统道德不能不加鉴别、全盘接受；另一方面，要整合和超越传统美德，处理好传承与发展的关系，不断更新德育内容，提高德育水平。

新体系有助于践行社会主义核心价值观

我国正处于社会转型期，伴随利益格局的深刻调整、思想观念的深刻变化及市场经济趋利性的影响，青少年容易出现传统美德缺失、远大理想缺乏、社会责任感淡漠、法纪意识不强等"病灶"，时时考问着德育体系的有效性。

曲阜市实验中学校长张昭军介绍，为对症治疗上述"病灶"，近年来学校明确了"感恩、谦卑、俭朴、友善、明礼、诚信、勤勉、笃行、乐问、善思、合作、创新"的德育核心理念，编写了《中华传统美德教育读本》等校本教材，以及《行为规范三字歌》，定期开展"十爱"主题教育，全方位践行社会主义核心价值观。

"道德教育是一项神圣的事业，它因爱人塑人而神圣；道德教育也是一项艰难的事业，它面对世间最难测的心灵和精神。"葛新斌说，面对这项神圣而艰难的事业，德育改革必须全方位融入社会主义核心价值观。

"过去很长一段时间，我们一提品德教育，就把煽情作为手段。久而久之，煽情就成了品德教育的特质。"首都师范大学教授赵亚夫认为，品德教育离不开情感，但不能把情感等同于煽情。社会主义核心价值观引领下的现代德育新体系，要摒弃"感情用事"，回归理性。每陈述一个事实，既让道理明明白白，也要通过实践加深认同。

社会主义核心价值观既传承了传统美德的优良基因，也超越了传统美德的历史局限性，构建起凝聚国人共识、反映国家现实发展的价值体系。葛新斌等专家认为，山东试点创新的"德融数理"模式以社会主义核心价值观为内核，形塑了新德育。这种"形塑"在教育改革大潮中实现了创新超越——为美德教育注入了数理化等现代学科知识与理性思维因子。

尊重规律、创新方式，牵手现代生活

"人无德不立，国无德不兴。"教育专家分析指出，古今中外都把学校教学作为德育的基本途径。德育改革要想取得实效，就必须充分发挥学校德育的主体功能。

首先，德育改革必须充分尊重自然规律、生活规律与青少年成长规律。中国教育科学研究院研究员于发友认为，山东省"德融数理"模式试点、曲阜市中小学的校本课程充分说明，针对不同阶段的学生设置不同教学内容，才能让学生学有所获。

其次，德育改革应当注重因地制宜，创新德育教学方式方法。一些德育教学空洞乏味，师生间很难产生共鸣与互动，很容易陷入说教窠臼。"要把德育从空中拉回地面。"于发友说，"只有把鲜活有趣的现实问题引入课堂，才能更

好地激发学生的学习动力，增强德育效果。"

再次，德育改革必须体现与时俱进的时代精神。"80后"玩洋画片、"90后"玩奥特曼玩具、"00后"玩平板电脑……在教育专家看来，德育改革应当"左手牵着传统美德，右手牵着现代生活"。一方面，要摒弃照本宣科，根据变化的实际生活提出问题，启发学生思考；另一方面，要结合信息社会、移动互联网时代的特点，充分利用数据的真实性和震撼力，于无声中涵养学生的道德品质。

基层教育工作者认为，德育改革无法一蹴而就。可将山东德育特色学校的德育课程、教材，在适当范围推广试点、改进完善、反馈成效。考虑到当前社会环境下德育的重要性、德育改革的紧迫性，相关部门应在教育体制机制、校本课程开发、德育评价体系、师资及培训等方面予以切实激励。